让 我 们 中信文 一 起 追 寻

THE ORIGINS OF THE SECOND WORLD WAR IN ASIA AND THE PACIFIC

第二次世界大战在亚洲及太平洋的起源

〔美〕入江昭（Akira Iriye）/ 著

李响 / 译

社会科学文献出版社
SOCIAL SCIENCES ACADEMIC PRESS (CHINA)

代译序

徐国琦（香港大学历史系教授）

本书作者入江昭（Akira Iriye）先生是国际上极具声誉及影响的历史学家。入江教授 1934 年 10 月 20 日生于日本东京。他高中毕业后即获得奖学金赴美攻读学士学位。此后定居美国，并最终成为美国史学界的一代宗师及国际史学派的开山鼻祖。入江教授长期在美国的史学重镇芝加哥大学及哈佛大学历史系任教，备受国际学术界推崇和尊敬，1978 年当选美国外交史学家学会主席，1982 年仅 48 岁时当选美国文理研究院院士（American Academy of Arts and Sciences）。1988 年，他当选美国历史学会主席，迄今为止，他是出任此职的唯一非美裔学者。他曾担任芝加哥大学及哈佛大学历史系主任及美国史讲座教授、哈佛大学赖世和日本研究所所长等众多职务，并获日本天皇颁发日本最高荣誉之一的天皇勋章（Order of the Sacred Treasure）等诸多荣誉。

入江教授在西方得到如此崇高的地位及承认，是与其在国际史学界很少有人媲美比肩的巨大学术贡献分不开的。入江教授著作等身，而且部部为精品并影响甚大，涉猎甚至开创无数新领域。其用英文出版的第一部著作为《帝国主义之后：寻求东亚新秩序，1921～1931》（*After Imperialism：The Search for a New Order in the Far East, 1921 – 1931*，哈佛大学出版社，1965）。该书利用多国档案，以全新视角来诠释第一次世界大战后中国、美国、苏联等国如何创建东亚新秩序，一举奠定入江教授在国际史学界的重要地位。他于 1981 年出版的《权力与文化：日美战争，1941～1945》（*Power and Culture: the Japanese – American War, 1941 – 1945*，哈佛大学出版社，1981）一书，又另辟蹊径，提出日本人同美国人打太平洋战争，尽管在战场上你死我活，不遗余力地欲置对方于死地，但在对战后的和平诉求及诸多国际理念上，日美两国实际上常常是并行不悖甚至不谋而合。入江教授之所以得此惊人之论，实乃其"文化"视野使然，通过解读日本及美国外交决策中文化因素的影响，他能洞见大多数学者无法看到的重要一面。在1993 年初版 2013 年全面修订再版的《美国的全球化：美国外交政策史，1913～1945》（*Globalizing of America: U. S. Foreign Relations, 1913 – 1945*，剑桥大学出版社，1993；再版时为《新剑桥美国外交史》的第三卷《美国的全球化：美国外交政策史，1913～1945》）一书中，入江教授再次从文化和国际史角度入手，得出 1913～1945 年的美国外交史不是偏于一隅的孤立主义下的偏安史，而实际上是一部大规模和大踏步的国际化历史的结论，从而为这一时代的美国外交史研究带来全新的视野和解读。又如其《全球背景下的中国与日本》（*China and Japan in the Global Setting*，哈佛大学出版社，1993）一书，分别从"文化""权力"和"经济"三个角度来梳理近代以来的中日关系，高屋建瓴，条分缕析，达到"一览众山小"的境界，读来同样令人耳目一新，乃至击节三叹。入江教授的其他著作如《文化国际主义与世界秩序》（*Cultural Internationalism and World Order*，约翰·霍普金斯大学出版社，1997）、《珍珠港与太平洋战争的来临》（*Pearl Harbor and the Coming of the Pacific War*，麦克米伦出版社，

1998）、《全球共同体：国际组织与当代世界》（*Global Community: The Role of International Organizations in the Making of the Contemporary World*，加州大学出版社，2002）等，以及其参与主编的如《波尔格瑞夫国际史论文汇编》（*Palgrave Dictionary of Transnational History*，London: Palgrave Macmillan，2009）、《人权革命》（*The Human Right Revolution*，牛津大学出版社，2011）和 6 卷本《新世界史》（*New World History*，哈佛大学出版社，各卷将于 2012 年到 2015 年陆续问世）等，单从书名就可知其内容不落俗套，不同凡响。限于篇幅，这里就不赘述。但我想在这里强调的是，不管是个人著作还是主编书籍，只要出自入江教授之手，均属填补空白或自立体系之作，大师风范，由此可见一斑。

从上述学术背景及经历可以看出，入江教授几十年如一日，精心研究美国、日本、中国与世界历史，因此成为本书——《第二次世界大战在亚洲及太平洋的起源》最合适的作者。虽然篇幅不长，但这本于 1987 年出版的书，再次展示了入江教授卓尔不群、高瞻远瞩的学术视野及思路。通过跨国别、跨文化以及国际史的宏大目光，入江教授一开始就从第一次世界大战后的局势出发来探讨二战在亚太地区的起源。在这本书中，他以史家深邃的目光，以及对美国史、日本史和国际关系史的深刻理解和认识，别出心裁地提出，二战在亚太地区的起源，实乃日本外交决策的一再误判和日本政客的节节失误，这最终使日本走上同美国背水一战的不归路。尽管这是一本入江教授为一般读者所写的著作，但其精深的学术思想和独到的历史见解，在书中可谓比比皆是。在这里我就不作进一步解读了，以免破坏读者慢慢品味此书时可能获得的惊喜和新鲜感，但在这里我还是不禁要说，本书各章精彩纷呈，且绝非人云亦云，如同一曲令人振奋的交响乐，高潮迭起，让读者得享大师所做的精美学术大餐。

2015 年是第二次世界大战结束 70 周年，同时也是中国人在第一次世界大战中创造性提出"以工代兵"，并因此把自己的命运同所谓的"大战争"（The Great War）联系在一起的一百周年纪念日。在全人类正大张旗鼓地反思第一次世界大战的百年遗产，并纪念第二次世界大战结束 70 周年之际，也许我们应该把两次大战放在一起思考，提出下列问题：二战是否一战的延续？或者，是否一战的后遗症最终造成了二战的爆发？这两次世界大战，哪一场造成的影响更加深远？何谓第二次世界大战？关于二战的定义及开始的时间，是否不同的国家有不同的回答？中国人在第二次世界大战中的贡献如何？第二次世界大战对中国历史进程的巨大影响何在？相当大程度上，一战的重要性远胜于二战。因为不仅二战是一战的延续，而且更重要的是，直到今天，在一战爆发一百年后，我们对这场所谓的"大战争"的全球意义仍缺乏真正了解，人们仍在辩论其影响及后果。

在相当大的程度上，我们在检讨第二次世界大战对中日关系及两国历史发展进程的影响时，也许应把第一次世界大战和第二次世界大战联系起来分析。我们甚至应把两次世界大战作为一体，并进而同中日甲午战争放在一起透视，换句话说，第二次世界大战可能是中日从 1895 年到 1945 年五十年战争的一个重要组成部分。从这一角度出发，我们对中日两国的近现代历史进程可能看得更透彻，得到的认识和理解也可能更深刻。杜甫诗云："会当凌绝顶，一览众山小。"也许从中日五十年战争的角度来俯视二战，许多似是而非的观点可能就露出真面目了。从国际史而言，二战的起源可谓因地而异。对欧洲来说，二战开始于 1939 年应无问题。但从美国人的角度，二战可说是被日本人炸进来的。1941 年 12 月 7 日日本偷袭珍珠港，一举把美国人拉进战争，美国人的二战因此载入史册，并从此把美国人变成我们中国人的重要盟友。而对于中国人或日本人来说，二战如果从 1931 年"九一八"事变算起，可说是十五年战争。如果从 1937 年 7 月 7 日卢沟桥事变算起，则为八年战争。从中日五十年战争来说，我们可以认为，中日 1894～1895 年一战，一举奠定日本的东亚大国地位，并让日本成为西方意义上的殖民帝国。因为甲午战争让日本攫取台湾并将其变为殖民地，并为日本在 1910 年将朝鲜正式变为殖民地打下了坚实基础。一战是日本所谓的"天赐良机"。日本通过第一次世界大战一举成为世界强国，在巴黎和会上跻身世界五强。日本在一战后地位大大提升，实力膨胀，然《道德经》云，"祸兮福之所倚，福兮祸之所伏"。在某种程度上可以说，正是日本在一战中的巨大成功，将其一步步推向第二次世界大战，并最终导致其战败和无条件投降。

第一次世界大战及战后建立的新秩序，对中国人来说可谓刻骨铭心，五四运动因此爆发，五四时期风靡一时的两大口号"科学"与"民主"响彻入云。一战爆发迄今已满百年，但当年围绕这场大战争原因和结果的全球讨论，以及有关世界秩序、东西方文明的兴衰、科学及机器的论战，到今天还在继续。在 21 世纪的当下，人们莫衷一是，仍感困惑。事实是，经历过两次世界大战的巨大考验，西方文明照旧处于优势，跟一战时比，如今科学和机器在人们生活中扮演着甚至更为重要的角色，并为全世界所推崇和追求。中国自一战以来无疑经历了翻天覆地的变化，由积贫积弱发展成世界强国。今天的中国国力大增，国际地位与日俱增，与一战后任人宰割的局面有天壤之别。但五四时期我们先辈所讨论所纠结的问题仍旧存在。例如当时广为讨论的"何为中国、何为中国人""中华文明的国际地位如何""中国究竟需要什么样的国家认同"等，到今天还是我们全体中国人共同关心的核心问题。中国国家领导人目前大力推行的实现"中国梦"及"中华民族伟大复兴"的宏伟计划，同五四先辈们所追求的理想无疑有异曲同工之处。二战结束至今也已七十周年，但日本的战争责任及道歉问题至今仍困扰着东亚国家。在欧洲，法德两国可谓世仇，从1871年普法大战到1945年二战结束，七十余年间，法德之间经历了一场让法国深感耻辱的战争及两场世界大战。但如今两国已成为欧盟的重要伙伴，不仅化干戈为玉帛，甚至在重大经济外交各方面达到休戚与共、肝胆相照的境界。我们不禁要问，在战争问题上，日本为什么不能像德国那样诚心道歉，同邻国共创未来？中国为什么无法像法国那样放下耻辱的历史包袱，轻装上阵，着眼明天？

也许日本就是日本而不是德国，中国就是中国而不是法国。也许我们在短期内无法对上述众多问题做出明智回答。在一战爆发一百周年纪念余音未息，我们中国人又要同其他各国人民一起纪念二战结束七十周年的今天，社会科学文献出版社独具慧眼，翻译出版《第二次世界大战在亚洲及太平洋的起源》，让我们中国读者有机会阅读此书，可谓意义重大，用心良苦。本书对我们有重要启迪意义。当我们中国人目前纠结于如何处理中美关系、中日关系，以及中国的国际地位时，我们是否想到 20 世纪 30 年代的日本人实际上面临同样的处境，当时的日本人同样纠结，他们在问为什么日本强大了，但还是得不到美国等西方国家的相应尊重？日本何时或怎样可以摆脱白人主导的国际秩序？但日本最终一错再错，选择了战争这条不归路。在目前一些国人似乎纸醉金迷，沉浸在对国家未来和前途自我感觉良好的日子里，在一战爆发一百年和二战结束七十年的今天，我真心希望我们中国的有识之士认真读一读手头的这本小书，也许从入江教授的微言大义里，从入江教授的历史解读中，我们可以对上述问题做出理性反思，可以全面检讨人类和我们中国人的战争与和平问题，并思考什么是我们中国人自己的过去和未来。为了自己，为了后代，也为了中国和世界。我们无法改变历史，我们也无法选择我们的邻国，但我们可以选择一个和平的未来，共创和谐的睦邻关系。

2015 年春于香港

目　录

前 言 *

入江昭教授赐稿《现代战争起源丛书》，讨论第二次世界 　vii
大战在亚洲和太平洋的情况，正好补充了菲利普·贝尔先生所
著有关二战在欧洲的一卷。入江教授的研究，对导致珍珠港事
件致命结果的日美政策，作了精彩的阐释。如果所有日本大臣
的动机基本相同——获得经济独立，并为日本在亚洲和太平洋
攫取更大的权力，则他们有关如何实现这些目标的理论却有着
深刻差异。这本书的一个特殊价值在于，作者谙熟东京的内部
政争，对乍看起来一目了然的形势的复杂性有着深刻理解。他
向我们展示，存在根本缺陷的政策是如何看似有其无可辩驳的
逻辑，而战略假设的细微差别又如何造成灾难性的影响。

20 世纪 30 年代初以来，一些日本大臣提出的建议如得采
纳，则战争本可避免，而另一些大臣的政策建言则常常在不经
意间引起战争的爆发。这再一次表明——这也是本丛书的常
例——大臣、官员或外交官个人的想法，有时对事件有着根本
性的影响。他们绝非总是被自己无法操控的力量主宰。入江昭
表明，日本大臣们本倾向于避免和美英开战，但也准备着——
程度因人而异——在他们判断战争无可回避时直面之。和他的
大臣们相比，天皇自始至终都对和美国开战是否明智怀有更多
疑虑。陆军首脑比文官更渴望战争。人们极易认为这是通则，
但彼得·洛博士表明，朝鲜战争前的美国军事领导人（且不

＊ 本书原属卡迪夫大学学院（University College, Cardiff）现代史教授哈里·
赫德主编的《现代战争起源丛书》，此为原书编者前言。

说麦克阿瑟将军，关于他的大多数泛泛之论都在误导人），比华盛顿的杜鲁门和文职官员更加谨慎。战争是将军们存在的理由，正是出于这一点，假定他们比文官部长更好勇斗狠不无道理，但同样正确的是，将军们常常比文官同僚更清楚他们的部队战备欠佳。

揭露政治领导层的各种误算，或者说想象力的失误如何引发了战争，正成为本丛书为人熟知的特色。詹姆斯·约尔的《第一次世界大战的起源》、伊恩·尼什的《日俄战争的起源》和 T. C. W. 布兰宁的《法国革命战争的起源》都体现了这点。在入江昭所著的这本书中，错觉和误算扮演了微妙的角色。日本在 1937 年和中国开战时，日本人想必正确估计了两国的相对军力。但他们未能领会全世界外交形势的扑朔迷离和瞬息万变。纳粹德国向中国派有军事顾问，苏联向蒋介石政府运送武器而罔顾敌视蒋介石政权的中国共产党，都表明了这种复杂性。入江教授对希特勒政府如何被要求在中日间斡旋，以及虽然蒋介石拒绝调停足可令人理解，但他若准备妥协，则调停有可能成功的叙述，多半令许多读者大吃一惊。直至 1938 年，希特勒才最终决定挺日反华。

如果说日本的大臣们在 1937 年不愿正视外交的复杂局面，则在欧战爆发后，他们这么做的意愿有所改观，虽然外交乱局已变得更加令人困惑。希特勒和斯大林 1939 年的条约，动摇了日本人对苏联必为最后之敌的设想。然后，至少暂时说来，苏联有可能成为日本对抗英美的同盟。但希特勒 1941 年入侵苏联，却不事先告知日本盟友，此时此刻，甚至是东京最富想象力的外交官都有理由感到，完成任务已逐渐不可能了。不过，日本的历任大臣们对态势的分析还算全面。要问日本政府当时是否在胜算稳操的错误信念下决定与美开战，真是把问题看得过于简单。有时，国家是抱着可轻取胜利的想法开战的，并说到做到。里奇·欧温代尔博士笔下的在 1956 年开启战端的以色列，或许是这种事态的典型。多数情况下，速胜的信心成了痴心妄想。1941 年的日本人两类都不是。他们的陆海军首脑对速取首胜胸有成竹。他们还让政府确信，要是不在当时开战，他们的处境会愈发不利，他们会缓慢但无可挽回地落入美国的经济掌控中。因此，放手一搏是值得的。用入江教授的话说："永野向天皇作了说明，日本可以选择无所作为，这会在数年之内致其崩溃。或者大打一仗，并至少有 70% 到 80% 的机会拿下最初的胜利。"关键还是"最初"二字，这正是此观点的漏洞所在。

ix

　　1937 年到 1941 年，英国没有像 1936 年到 1938 年对德国那样对日本采取绥靖政策。相反，它追随美国，试图阻止日本侵略。入江教授表明，1939 年冬到 1940 年欧洲打"虚假"战争期间，罗斯福向日本充分阐释了何为"威慑"。当然，"威慑"不是一种防御的形式，尽管在 20 世纪 80 年代，其日常执行有时被交到所谓"国防"部长的手中。威慑是对防御的替代。安东尼·艾登在 1940 年和 1941 年支持罗斯福威慑日本的政策，他说，"显示强硬，更有可能使日本不敢开战，而非激其动武"。威慑政策败得很惨。1941 年时，失算的可不只是日本人。

哈里·赫德

作者自序

在这本书中，我试图从所谓体系的角度，考察 1941 年至 1945 年的战争在亚洲和太平洋地区的起源；关注点是不断变化的国际体系，它们为主要行为者的外交政策提供了背景。这当然只是诸多视角之一，其他历史学家已从这些视角做了精妙的阐述。我以为，择取体系的角度不无益处，因为亚洲—太平洋战争是一场多国冲突，是现代国际关系史的一个篇章。因此，本书将要讲述的，是战前的一段国际关系史。

本书所属丛书的主编赫德教授，在 1978 年第一次找到我，建议我试笔此书。自那以后，他富有耐心，体贴周到，在写作的每个阶段都与我保持交流。我对他的支持，以及朗文出版社编辑们的高效协助心存感激。我之受惠于国际关系史同仁，既重且多，难以胜数，但我愿向九位历史学家致以特殊的谢忱，我与他们定期聚会切磋，在厘清观点上，他们予我极大帮助，他们是：谢尔曼·科克伦、沃伦·科恩、沃尔多·海因里希斯、加里·赫斯、细俗千博、罗荣渠、罗伯特·梅瑟、臼井胜美和汪熙。玛尼·韦特编辑并打出了手稿，我的小女儿做了校订，其他事务我的妻子一手操办，助我完成此书，对她们，我感激不尽。

入江昭

芝加哥，1986 年 4 月

第一章　引子

1931 年 9 月 18 日，一小股日本士兵和中国士兵在南满的奉天城外爆发冲突——这一事变不久发展为中日之间一场漫长、持久、时断时续的战争。十多年后，1941 年 12 月 7 日，日本的陆海空三军袭击了美国、英国和荷兰遍及亚洲太平洋的领地。这标志着日本和中国、美国、英国、荷兰，最终还有法国和苏联联合力量大战的开始。

两个亚洲国家间的战争，如何演变为一场一国陷入对抗多国同盟境地的战争？显然，在日本看来，这一变化表示阻止该同盟结成的企图失败了；对中国而言，这是其努力创造国际力量孤立并惩罚日本的高潮。为何西方列强在 1931 年日本军队蹂躏中国东北①时袖手旁观，却最终在十年后冒着与日本开战的风险帮助中国？

思考第二次世界大战在亚洲太平洋地区的起源时，这些在核心问题之列。第二次世界大战事实上由两场战争组成：一场在欧洲和大西洋，一场在亚洲和太平洋。大体上，这两个战区彼此迥异；一个战区进行的战斗与轰炸，同另一个战区几乎没有联系。可是，尽管完全可以在讨论欧洲战争的起源时不必太多考虑亚洲因素，但反之则不然。欧洲列强深深地卷入了亚洲太平洋地区，在将中日冲突转化为多国冲突中起了重要作用。再者，和欧战的直接起因也无甚关联的美国，逐步成长为亚洲

---

① 原文为 Manchuria，在译文中多处酌情处理为"中国东北"。——译者注

太平洋地区的主要大国，因此其立场将直接影响中日战争的进程。当时，亚太地区较之欧洲，是全球竞雄更为广泛之地，讨论太平洋战争的起源时，当牢记这点。此外，在1931年，亚太地区也许看起来与世隔绝，而日本似乎也能行侵略之举而无他国集体报复之忧。为何它在20世纪30年代之初能这么做，而十年之后却将对抗多国同盟？这个问题提供了本书的写作框架。

日本对华盛顿会议体系的挑战

日本并非总是在国际社会中特立独行。相反，这个国家的领导层和国民舆论一度强调，让日本成为先进强国共同体中体面的一员是极为重要的。在20世纪20年代，它曾享有这个地位。它在华盛顿会议（1921~1922）期间签订的条约就是象征。在一项条约——海军裁军条约中，日本被公认为三个首要强国之一；与美国和英国一起，日本将谋求保持世界的军备平衡，为稳定亚太地区贡献力量。三国连同法国签订的另一条约，为一项机制准备了前提，在此机制下，每当稳定受到威胁，各国可以相互协商。最重要的是，九国公约（由日本、美国、英国、法国、意大利、比利时、荷兰、葡萄牙和中国签订）确立了在华的国际合作原则。八个签约国将为第九个签约国——中国而合作，维护后者的主权独立和领土完整，坚持机会均等原则，为稳定政府的成长营造环境。日本是新条约体制的正式成员，历史学家称此体制为华盛顿会议体系。① 由于

---

① 见 Akira Iriye, *After Imperialism: The Search for a New Order in the Far East, 1921-1931* (Cambridge, Mass. 1965)。

30 年代诸多历史的核心问题是日本挑战这些条约，我们最好在开始时分析一下体制的内容。

"华盛顿会议体系"一词，或简称"华盛顿体系"，在 20 年代不为时人所用，之后也未成为一个含义清晰的法定概念。可是，会议刚完，人们就纷纷议论"华盛顿会议精神"，而一国在亚洲行为的好坏，也往往视其对此精神的损益而定。这样，与其说它意味着明确的机制，不如说暗指一种思想状态；它表达了列强相互合作，维护地区稳定，协助中国逐步转型为现代国家的意愿。人们视之为列强的单方政策，或为特定目的缔结的排他性同盟或协约的替代物。不同于二者，华盛顿体系所象征的理念，是有利于地区稳定的多国磋商与合作。同样的，这个精神的底色是渐进和改良，而非激进与革命。它反对既速且巨地改变亚洲的国际关系，而这正是共产国际和越来越多中国民族主义者的主张。相反，华盛顿列强看重变革的演进过程，以保证和平、秩序和稳定。

就此而言，存在华盛顿会议条约所界定的国际事务体系（system of international affairs），因为体系意味着某种现状，意味着维持稳定反对急遽变化的机制。按华盛顿会议列强的设想，现状并非固定不变之物，而是为渐进改良起见，它们彼此合作的制度。这么说来，它从属于一战后的国际事务体系，这个体系在《国际联盟盟约》中得到明确阐述，又在诸如 1925 年的《洛迦诺公约》和 1928 年的巴黎条约①等其他安排中得到重申。《洛迦诺公约》稳定了英国、法国和德国间的关系，

---

① 即 1928 年 8 月 27 日美、英、法、德、比、意、日、波、捷等 15 国代表在巴黎签订的《关于废弃以战争作为推行国家政策的工具的一般条约》，亦即《非战公约》。——译者注

而由大多数国家签署的巴黎条约则阐明了各国不以武力解决国际争端的原则。因此，华盛顿条约是一个不断演化的世界性体系的一部分。

一项经济制度构成了体系的基础。所有华盛顿条约的签约国，通过接受金本位制而相互联系。更准确地说，这项机制叫"金汇兑本位制"，它要求各国接受黄金为国际经济交易的媒介，将其货币与黄金挂钩，并坚持货币的可兑换原则。凭借这些手段，人们相信跨国界的商业活动将平滑运行，让所有人获益。金本位货币国家占了世界贸易和投资的大部分，这让华盛顿体系成了金本位制的同义词，并靠其维系。由于这些国家大多是先进的资本主义经济体，华盛顿会议体系的特征可说是资本国际主义，甚至可说是帝国主义的新形式。

的确，华盛顿会议没有消灭帝国。大多数签约国继续保有殖民地，其中一些还在战后获得了新殖民地。不过，与此同时，它们承诺不在中国进一步扩张。相反，它们将彼此合作，让中国恢复一定程度的独立，使其最终凭借自身力量成为一个稳定因素。正因如此，中国是新体系成功运转的关键。与旧式帝国主义不同，华盛顿体系号召先进殖民国齐心协力，促使中国渐进转型。同时，中国也必须为此与他国合作，以成为华盛顿列强共同体的正式成员。

直至20年代末，总体而言，这个体系致力于为亚太地区带来秩序和稳定。华盛顿条约的签约国几乎没有明目张胆的单方行动，在试图和中国修订旧约时，列强保持相互协商。而中国则逐渐通过与华盛顿列强合作而非挑战之，来努力实现自己的抱负。诚然，中国国民党最初坚决反对华盛顿会议条约，视之为使外国控制永久化的工具。但是，随着他们取得军事和政治胜利，他们成了国家的新领袖，也愿意修正一些激进的言论。1928年在南京建立蒋介石领导的中央政府后，他们不得不专注于国内统一和经济发展，这些任务需要外国资本和技术，并缓解势必抽干国内事项急需资源的国际危机。1928年至1931年，他们成就斐然。南京的政治控制所及，超过1912年清王朝完结后的任何时期。中国的基础设施——道路、桥梁、电话和电报网——正靠着大多来自美国的引进资本建立起来。一个现代的教育体系正在培育下一代精英。中国的对外贸易量稳步增长，海关收入亦然。还是在外国专家的协助下，国内税制和货币体系的改革，正逐渐弭息为祸国家数十年的财政混乱。①

因此，中国领导层此时不是在千方百计推翻既存的国际秩序，而是要使国家融入其中，成为正式一员。中国将为重获各项主权而奋斗不息，将自身建设为现代国家，但这些目标和华盛顿条约的合作机制是并行不悖的。事实上，可以认为华盛顿体系是为中国发展获得外部支持的有力工具。美国、英国、日本及其他国家先后承认了南京政权，为修改关税订立新约，并为最终废除中国二流地位的传统象征治外法权，开始了谈判。尽管谈判拖延日久，但到1931年，中国和列强间的分歧已大为缩小，因此，中国法庭完全恢复裁判权看来只是个时间问题。值此关头，日本军队动手了，这不仅是要反对更多地迁就中国的民族主义，还最终要彻底改变国际体系本身。

悖谬的是，这一对华盛顿会议体系的反叛，可以视作体系 5

---

① 见 Lloyd E. Eastman, *The Abortive Revolution：China under Nationalist Rule, 1927–1937*（Cambridge, Mass. 1964）。

已逐渐巩固的证明；反对者们不得不诉诸猛烈的手段来破坏它。在华盛顿条约体制中，列强已大致成功稳定了相互关系，将彼此往来的重点放在了经济而非军事事务上，并通过让中国一步步融入全球经济秩序，笼络了中国的民族主义。正是这种成就，令日本的某些势力——陆海军军官、右翼组织和国粹主义知识分子（nativist intellectuals）——陷入了绝望。在他们眼中，一个对中国步步退让的国际体系，一个把本国福祉紧系于贸易平衡的起伏及汇率波动的全球经济秩序，完全是一场灾难。他们指责日本的领导层造成了一种局面，即本国的命运似乎越来越有赖于列强和中国的善意。除非行动起来，否则日本要不了多久就将完全受这些外部势力的摆布。日本的反国际主义者们只看到一条出路：大力铲除本国奉守国际主义的领导层，以扭转国策的走向，并在中国采取行动，违抗华盛顿条约。他们判断，在 30 年代初完成这些使命正当其时，且有可能时不再来。

行动的准确时间须慎重考量。但综合多种因素，1931 年看起来正是时候。[①] 一来，政府对现有国际秩序的笃守已开始遭到国内的普遍反对。1930 年，在滨口雄幸内阁的领导下，日本在伦敦签订了新的海军裁军条约。这项条约涵盖了华盛顿海军条约的条款没有包括的"辅助舰船"，如轻巡洋舰和潜艇，并限制了允许日本、英国和美国拥有这些舰船的总规模。新条约定下的可容许的吨位比例是日本 6.975，其他两国 10。较之华盛顿条约 6 比 10 的主力舰比例，日本的比例提高了，但它却分裂了日本海军。赞同政府接受新比例的一派（"条约派"）遭到了

---

① 对 1931 年危机背景的一项考察，见 Akria Iriye, "Japanese Aggression and China's International Position", *Cambridge History of China*, vol. 13 (Cambridge 1986)。

"舰队派"的坚决反对，后者决心发动一场公众运动抵制条约。"舰队派"将此事上升为宪法问题，指控文官政府冒犯了天皇的"最高指挥权"，根据这项权利，军人作为天皇的军事指挥顾问，当可直接觐见天皇。尽管这在华盛顿会议后未有成例，但当时海军的激进分子相信，公众更易接受这种论辩。

他们相当精准地判断出日本的公众情绪和政治气候。1925年，日本已建立了成年男子的普选权制，政党已敏感于国民多变的情绪和形形色色的利益。虽然刚刚获得选举权的大部分公众对国际事务或理解或漠然，但他们似乎注意到了海军中反政府的少数派及其同情者提出的主张，并深受吸引。这种接受力反映了经济形势，因为大众政治时代的来临恰逢始于1929年10月华尔街崩盘的世界经济危机。[①] 尽管它对日本的影响不及对美国和德国严重，但1930年，日本的失业人口还是达到了100万，而农产品价格（尤其是大米和丝织品）也跌到了若干年来的最低点。无力偿付地租的佃农卖女为娼，他们的儿子则被怂恿前往朝鲜和中国东北。所受打击尤为沉重的是日本的出口，其中超过30%是丝织品。世界性衰退急剧减少了丝织品出口，创造了巨大的贸易赤字。

和当时的其他大多数国家一样，日本政府企图通过货币手段来应对局面。在前凯恩斯主义时代，货币主义是正道。它认为，决定价格的是货币流通量，而这又由一国的黄金储备决定。随着贸易的衰退和出口的减少，黄金储备下降，紧缩银根遂成必要，因为预计这将减少需求并最终平衡贸易。但这不可

① 关于世界经济危机对日本政策和政治的影响，见 Iriye, *After Imperialism*, Ch. 9。

避免地会使购买力不断下降，进而导致失业。尽管货币主义者相信这些现象只是暂时的，但在经济危机中受损的人可不作此想，并要求领导人采取措施缓解局势。完全可以说，日本民众即使对经济理论的精微之处不甚了了，拜危机所赐，现在也更易受反政府宣传和煽动的影响。当滨口内阁在1929年11月底决定以人为的高汇率回归金本位制时，它即刻得到了漠视民生疾苦的精英政府的骂名。

所以，日本政治到了如此关头，反政府煽动能一呼百应，危及当时的国内秩序和立于此上的外交政策。这个趋势的一个明显迹象，是1930年11月滨口首相被一名右翼恐怖分子刺杀，此时距批准伦敦裁军条约不过一个月光景。刺杀者在舆论界和表示支持的公众集会上得到了同情，被奉为真正的爱国者，他奋不顾身，试图净化被一个固守不济事的解决方案的政客把控的国家。这起事件带动了类似的行为，以致1930年至1936年间，20年代国际主义旗下的其他几位领导人也遇刺身亡。更严重的是，政治和商业精英面对这种恐怖主义时的消极无为，助长了军官和右翼知识分子的"重建国家"运动。当一伙陆军军官组织了一个秘密团体（樱花会），投身于"不惜以武力重建国家"时，这个运动就不仅仅是意识形态问题了。樱花会密谋使国家摆脱对西方自由主义和资本主义的迷恋，转而返归自身独一无二的本色。特别是，密谋者们决心结束掌权者的国际主义外交，他们相信这种外交使日本唯资本主义强权马首是瞻。他们所想望的，是与国家亲西方的历史决裂，建立和日本的传统精神更谐调的军事独裁。①

---

① Iriye, *After Imperialism*, pp. 284 - 285.

樱花会计划在 1931 年 3 月策动政变，但因一些陆军首脑拒绝在此时与事，阴谋胎死腹中。不过，这一事件表明，某些激进分子为了毁灭日本内外既存的世界，是如何不惜一切的。

这个背景解释了激进分子为什么选择 1931 年。对那些认为外交内政过分压制了国权的合理伸张，并为此感到恼恨的人而言，那一年定然显得尤为有利。以石原莞尔和板垣征四郎为首的一伙关东军军官断定，果勇行动的时机成熟了。他们担忧，除非采取行动，列强将继续向中国的要求让步，日本的地位将越来越不稳。他们考虑，当务之急不是在与西方大国合作的既定体系内维护日本的利益，而是单独行动，在中国东北一劳永逸地牢固确立日本的权势。由于这一行动会遭到东京文官政权的反对，因此如有必要，后者也必须被清除掉。事实上，密谋者们大概觉察到，他们有望在国内获得足够多的支持，因为在整个 1931 年，大众舆论和政党斗争都在朝对若槻礼次郎内阁——若槻在滨口遇刺后接任首相——不利的方向转变，因其依赖国际合作来限制中国民族主义的要求。主要的反对党政友会更激烈地抨击民政党内阁，谴责后者的"软脚外交"，要求根本解决"满蒙问题"，这不过是诉诸武力的变相说法。给这种鼓动煽风点火的是，"满洲青年团"的代表返回日本后举行了一系列公众集会，要求坚决应对中国对日本权益的凌犯。①

怀着勇敢行动即能成功的判断，密谋者们在 9 月将计划付诸实行。计划要求袭击沈阳以北约 5 英里的南满铁路。行动是在 9 月 18 日夜开始的。发起攻击的元凶是石原和板垣指使下

8

---

① Usui Katsumi, *Manshu jihen* (The Manchurian Incident; Tokyo 1974), p. 24.

的关东军官兵。他们用爆炸物毁坏了二三英尺长的铁轨，以此为导火索，日军向同驻沈阳的中国军队发起大规模进攻。借口中国人袭击了南满铁路，一个中队的日军攻了进来，并向中国军队开火。战争打响了。最初的行动结束后，关东军司令本庄繁才被告知发生的一切。本庄将军本人允准了密谋者们的行动，命令向沈阳及东北其他地区的中国军队和守卫动武。当他致电东京大本营时，关东军"勇猛行动，在满洲全境肩负起维持法律和秩序之责"的时机已经成熟。① 一日之间，沈阳和长春（南满铁路的北端）均落入日军之手。

事后回想，完全清楚的是，"沈阳事变"② 是向以华盛顿会议条约为代表的战后亚太地区国际体系的首次严峻挑战。一伙决绝少数派的反抗，挑战了这个体系及支撑它的国内领导班子，并最终断送了两者。1931 年时，几乎无人洞明形势，但人们普遍认识到，地区未来的稳定取决于华盛顿体系在何种程度上经受住了挑战。如果中日两国军队能恢复 9 月 18 日前的状况，或两国及其他各国政府能以某种方式，将新的事态变化纳入既有的条约体系，那么也许能克服挑战。否则，密谋者们另建国际事务机制的决心或将得逞。

危机后立即举行的东京内阁会议表明，恢复原状已不可能。尽管在 9 月 19 日的会议上，"不扩大"敌对行动的原则得到一致认可，但这是措辞含糊的套话，陆军事实上置若罔闻。参谋本部的高官们决定抓住机会，"实现我们的最终目标"，他们中有人暗中参与了密谋。这里的"最终目标"，也

① Usui Katsumi, *Manshu jihen*, pp. 41 – 45.
② 即"九一八事变"。因日本将中国东北称作"满洲"，故日本又称之为"满洲事变"。——译者注

许非指控制中国东北全境，但肯定意味着日本要在中国东北维护权利。在军部看来，恢复9月18日前的状况不在讨论之列。陆军高层达成一致，如果内阁执意于此策，他们就撤回对其的支持，"哪怕政府就此倒台也绝不顾惜"。①

　　文官政府的大权还如何能维持？忠于内政外交既定体制的个人或团体，本可毅然行动起来。不幸的是，没有足够的有力行动。我们可举几个明显的例子：天皇和宫廷圈子、外交文官和文职官僚、某些政党领袖、财界主管以及知识分子。可是，他们并没有团结来反对军部，他们中只有为数不多的人确信有必要维护国内外现状。

　　天皇据说在9月23日向若槻首相表示，他更希望不扩大敌对行动，但对驻朝日军分兵一部越过鸭绿江支援关东军，彼时内阁已给予了事后批准。日本驻华外交官对事件的经过大为光火，并恳请其官长——外相币原喜重郎阻止军部一意孤行。不幸的是，币原却发现自己越来越孤立。当他在结束这场危机的战斗中败下阵来时，他内阁中的文官同僚几乎无人前来救助。这既是因为官僚所受的训练不许其插手战略决策，也是因为在他们当中，为军人在中国东北以无畏的进攻"快刀斩乱麻"鼓掌叫好的人不在少数。毫无疑问，他们受到了日本政治普遍气氛的感染，在这种氛围中，外交政策已成了党派问题。反对党政友会先前宣布声援关东军，并要求政府支持后者的意图，严厉处置中国对本国权益的侵害。

　　形势受到大众媒体的推波助澜。报纸和电台立即对"满洲事变"触动大众、增加读者和扩大听众的潜能心领神会。从一开始，

9

----

①　Usui Katsumi, *Manshu jihen*, pp. 48 – 49.

专题报道就被印制广播，绘声绘色地描述英勇的日本士兵如何让中国"侵略者"得到应有的惩罚（关东军的阴谋只有一小撮人知情，所有的官方公报都谴责中国人炸掉了铁路）。当时新闻短片刚刚出现，而在 9 月 21 日，朝日新闻社就已上映了一部关于日本士兵攻占沈阳的片子。大肆渲染的新闻标题使公众舆论燃烧起来。①阅读这样的报道，观看这样的宣传影片，日本人必然会对正在发生的一切形成极其简单的看法，政府无法对此事视而不见。但这些哗众取宠的新闻报道也表明，日本记者们甘愿把官方宣传照单全收，并衷心拥护单方面使用武力。这或许又和当时的思想氛围有关。甚至早在 1931 年以前，日本的一些重要知识分子就已觉察到日本政治的危机。他们相信，无论是西方式的议会民主还是资本国际主义，都不曾帮助创造一个稳定繁荣的国家。他们认为，普罗大众依旧贫无立锥之地，离心离德，且有一股莫名的颓靡之风四处弥散。几位主要知识分子对他们所见危机的反应，是转向共产主义和社会主义，或法西斯主义和右翼独裁。② 尽管还只是少数人的观点，但这种思想无疑有助于欣然认同像占领沈阳这样的大胆军事行动。

　　不过，即使是关东军最为狂热的支持者，也未必赞同要根除现有国际事务体系的革命性外交。尽管这是币原外相及其同僚最为担忧的，但起初要这么干的人寥寥无几。事实上，媒体、政客和知识分子，将在中国东北的军事行动粉饰为对中国人冥

① Ikei Masaru, "1931 – nendai no mass media" (Mass Media in the 1930s), in Miwa Kimitada (ed.), *Saiko Taiheiyo senso zen'ya* (The Prelude to the Pacific War Reconsidered; Tokyo 1981), p. 179.

② 见 Miles Fletcher, *The Search for a New Order: Intellectuals and Fascism in Prewar Japan* (Chapel Hill 1982)。

顽不化的"惩罚"，这表明，他们没有将这起事件视为对华盛顿体系的破坏；相反，他们认为，日本果断处置中国人对条约权利非法而不负责任的侵害，是在为巩固华盛顿体系出力。日本的文官政府也是用这一套来描述中国东北的局势，并向列强保证，这一切其实是警察行动，是在维护而非触犯九国公约及其他条约。①

眼见日本的军事行动不断扩大，这种态度极难服人；没过多久，日本就被指责违反了九国公约。而日本的外交最初未起作用。如果要说服列强相信日本所为是为华盛顿体系着想，日本就应主动和签约国沟通，以求得支持和理解。相反，从一开始，东京就坚持要双边解决和中国的争端。内阁先是责成外务省开启和中国政府的对话，以化解敌意。显然，在日本看来，如不保证日本居民在中国东北经商的权利，任何解决都是不可接受的。日本认为，关东军将继续攻城略地，确保实现这一目的。不知为何，日本人相信中国人会接受这些条件，相信两国依照这些原则迅速平息事端，就能阻止事件升级为国际危机。同时，列强会赞同这个解决方案，因其有利于在中国东北的所有外国人。②

这正是日本一系列误算中的头一次，这些误算将使日本在世界上陷入持久的孤立。选择直接与中国交涉而非通过多国合作体系处理，日本正使自我标榜的国际主义显得言行不一。而中国乘机将自己说成是国际社会蒙冤受屈的负责任成员。从一开始，中国的领导人就称沈阳事件为日本对和平、文明和国际道德的侵犯。

① Usui, *Manshu jihen*, p. 55.

② Usui, *Manshu jihen*, p. 71.

9月22日，蒋介石在对国民党官员的演讲中指出，日本已经违反了"国际道德、国联盟约和（1928）宣告战争为非法的条约"。参谋长荣臻将军[1]在其有关"满洲冲突"的报告中坚称，中国是在捍卫国际秩序，反对日本的非法行径；一国仅因缺少自然资源就夺占他国领土，或如日本人称呼"满洲"那样，将邻国土地称为"国防线"，是有悖国际法的。既然如此，中国人相信，"世界公论"将谴责日本的野蛮行为，严斥其对"国际公义"的违反。[2] 他们绝不答应和日本作双边交涉，因为这正中其下怀，无异于接受日本的主张，即这起事件只是牵涉他们条约权利的小事情。

因此，从一开始，中国就投奔国际法律和秩序，试图通过其他国家和世界舆论的支持，来获得解救。一个在20世纪20年代大部分时间里四分五裂，动荡不安，大闹革命，挑战既有国际事务秩序的国家，几乎一夜之间变成了和平与秩序的拥护者，并对抗另一个直到不久前还坚定地融入现存体系，而如今可被指为藐视它的国家。这一阐述危机的方式不只是高明的宣传，它还反映了国民党领导层清醒的决定，即同其他大国合作，借其力迫使日本人放弃侵略。尽管蒋介石明白，最终——也许十年之后——中国可能不得不战斗，但目前来说，寄望于世界的压力，尤其是国联来约束日本，是最好的选择。中国还远未统一。事实上，国民党还在进行剿共作战，更要命的是，北方省份遭遇毁灭性洪灾，导致严重的粮荒。面临如此形势，

---

① 荣臻时任东北边防军司令长官公署参谋长。——译者注

② *Chung-hua Min-kuochung-yao chih-liao ch'upien*：*tui-Ju kang-chan shih-chi*（Important Historical Documents of the Chinese Republic：The Period of Anti-Japanese War；Taipei n. d.)，1. 1：262 – 285.

蒋介石在 10 月宣布，救国的上上之策，是国家的"和平统一"。中国人应先集中精力实现政治统一和经济发展，然后再和日本较量，同时依靠全世界的力量来惩罚日本。① 具体说来，驻外的中国外交官奉命向所在国政府通告日本的侵略行为，而国联则被要求召集一次理事会紧急会议（中国刚当选理事会非常任理事国；日本是常任理事国）。

对中国而言不幸的是，它所强烈认同并向之求助的国际体 12 系本身，正遭遇另一场重大危机：世界大萧条开始了。建立并维护国际体系的列强——各个发达工业经济体——正危机深重。从 1929 年到 1931 年，工业产出、就业率、商品价格、购买力——所有这些关乎经济健康的指标都大幅下滑，美国、德国等国的国民收入几乎减少了一半。这种形势严重影响着各国的经济交往，自然也影响到整个世界经济。国内危机促使这些国家制定保护主义措施，以减少进口，限制黄金输出和管制外汇交易，所有手段都趋向于损害金本位制以及作为世界贸易和投资活动之基的可兑换原则。到 1931 年秋，列强中只有法国和美国还保持金本位制，但它们正实行贸易保护主义，不愿帮助受损更严重的国家。在这种时候，唯有资本主义国家同心协力，才能重振信心并再次稳定局面，但当各国选民——劳工、农场主和失业者认为国际合作危害其利益时，要实现它是极其困难的。各国政府在为恢复世界经济体系展开认真谈判前，不得不迎合他们的要求。

换言之，"满洲事变"发生时，国际合作已开始破裂。事后可以清楚看到，"满洲事变"在政治上的影响，恰如大萧条

---

① *Chung-hua Min-kuo*, p. 277.

在经济上的影响，即令国际主义声名扫地——尤其是大行于20年代的国际主义。聚集在日内瓦来关注中国抗议的国家，都参演了这一幕剧。讽刺的是，正当中国成为世界秩序更自觉的参与者时，整个体系却在崩塌。

它虽在瓦解，但尚未灭亡。事实上，"满洲危机"和中国向世界舆论的急切呼吁，使列强很快采取了严肃行动，尝试以某种方式维护体系。倘若它们能帮助恢复中国东北的和平，则它们不仅将成功让两个亚洲国家和解，还将促成和平机制的巩固。对国际主义的信心将重新燃起，中国将成为亚洲事务中的保守力量，而日本也将留在国际社会。因此，此事关系极大。

美英都对尝试这种可能表现出浓厚兴趣。虽然前者未加入国联，但它和国联理事会成员国保持着密切联系，成员国们在沈阳事件后，应中国之请举行了数次会议。不过，令中国大失所望的是，理事会最初未能以严厉手段制裁日本，而是在规劝两国勿使中国东北局势恶化后，于9月30日休会。不力挺中国，反映了华盛顿和伦敦官员们的看法，即最好让日本人在最少外来干预下摆平事端，好看清这是否真是涉及条约权利的小小纠纷。也就是说，坚持华盛顿体系的东京文官政府，应得到一次在体系下行动的机会。因此，无论是美国国务卿亨利·L.史汀生，还是英国外交大臣约翰·西蒙，都不愿在当时谴责日本的军事行动违反了巴黎条约。这么做就得接受中国的观点，站在中国一边。10月以前，美英不愿走这一步棋，而是希望东京的文官领导层采取措施恢复原状，以证明日本恪守现有的国际事务体系。[1]

---

[1] *Chung-hua Min-kuo*，pp. 282 – 283.

初时，对"满洲事变"之于亚洲国际秩序的影响，苏联或许是唯一一个有严重关切的外部大国。诚然，它从不是华盛顿体系的一员，事实上还企图鼓动中国的激进民族主义来破坏它。可是，到30年代初，苏联外交政策已对参与国际事务更加开放，正如资本主义国家一向所为。莫斯科已在1928年签署非战公约，随着第一个五年计划的开展，约瑟夫·斯大林和他的幕僚们已开始重视全球稳定的必要性。他们对国联的看法——他们曾抨击它为资产阶级帝国主义的工具——正在改变，而他们对改善和美国的关系尤感兴趣。同时，在1929年中国人企图夺回苏联经营的中东铁路后，中苏关系已经恶化。两国的外交关系已经断绝。在此形势下，苏联的政策需要调整，即不再与亚洲的革命力量为伍，转而强调保护国家的安全及其在亚洲的地位。如何做到这些尚不清楚，但一开始，苏联官员们就对日本的军事行动可能波及北满表示关切，这会影响中东铁路和苏联国民的安全。不过，"满洲事变"后最初的数周里，苏联政府对东京不扩大敌对行动的保证感到满意。①

所以，当时有可能将"满洲事变"控制在中日两军的小规模战斗上，避免外部大国卷入。就此而言，日本军部密谋者们的时机选择正确。文官们和外国政府都愿把事情看成可在现行条约体系中处理。它们可以容忍军事行动，视之为诚然不幸但还可理解的反常行为，通过澄清日本在中国东北的权利和中国在其东北地区的义务的性质，这种行为甚至可以加

14

---

① Foreign Ministry, *Nis-So kosho-shi* (History of Japanese-Soviet Negotiations; Tokyo 1942), p. 239.

强华盛顿体系。

　　然而，10月的事态发展很快证明，这些期望都错了。国联和西方列强未能更积极地响应中国的求援，使关东军气焰更盛，他们断定，再接再厉，将中国东北从中国分裂出去的时候到了。不满足于仅仅保护日本的条约权利，军部决定扩大行动范围，将整个中国东北甚至内蒙古化为战区，以建立自己的控制，驱逐中国军队。为达此目的，数架日本飞机10月8日从沈阳起飞，轰炸了中国东北地区西南角的锦州。此后，战事一发不可收拾；轰炸锦州后，军事行动在中国东北全境展开，摆明要把东北三省从中国分离出去。

　　就在这时，国联和列强终于援引1928年公约，谴责日本违背了公约精神。10月14日，国联理事会继续开会时，气氛已发生很大变化。现在，中国显然是非法行为的受害者，同样也是国际法律和秩序的拥护者，而日本则被放在了不得不为军事侵略行为辩护的被告席上。美国派总领事普兰迪斯·吉尔伯特（Prentis Gilbert）参加理事会会议，头一次积极参与进来。此举象征着美国支持国联，认同其代表的原则，也即明确参加中国的新诉案。会议做出了一项理事会决议，要求日军回到9月18日前的位置，只有日本表示反对。这项在10月底表决的决议，显然标志着日本开始受到国际社会的排斥。日本的国际地位跌落得如此迅速，真令人吃惊。还在11月初的时候，华盛顿的高官们就已在考虑制裁。虽然没有最终结果，但总统赫伯特·胡佛、国务卿史汀生、国防部长帕特里克·J. 赫尔利等人甚至考虑制裁日本一事表明，在他们眼里，后者显然是在颠覆战后的国际事务体系。正如史汀生对驻华盛顿的日本大使所言，日本同时冒犯了九国公约和巴黎条约，这个立场，美国在整个 30 年代都将坚持。① 由于这两个条约象征了 20 年代的国际合作机制，认为日本背离了这个机制，可是件严重的事情。 15

史汀生仍然希望东京的文官领导班子能认识到形势的严峻，并最终管束住军人。他感觉，日本承受的国际压力，应能制止它进一步破坏体系。因此，当日本政府建议成立派往中国东北的国联调查委员会时，他感到鼓舞。这个提案似乎表明，日本对世界舆论及留在国联体系中的利害是敏感的。② 美国鼓动中国同意了这个方案，于是，国联在 12 月初决定派遣调查委员会去查明战争的起因，并提出解决方案。日本和中国都赞成这样处理，从而使国联理事会自 9 月以来首次取得全体一致。调查委员会由英国的李顿爵士率领，并由来自其他四个国家（美国、法国、德国和意大利）的代表组成。此次一致显示了对国联的支持，但也是最后一次全体一致。日本人盼着委员会调查中国人对条约权利的侵犯，而中国人则希望它痛责日本人的行为。不管是哪种情况，它都有望带来列强迫切想要的妥协，以维护国际秩序。

可事与愿违。调查委员会成立后不过数日，若槻内阁倒台，犬养毅成为首相。币原离开了外相的位子，直到二战后才复任公职。有意思的是，在其任期将近结束时，币原才开始意识到恢复中国东北的原状是办不到的。国内的各种力量正在为关东军的行为喝彩，惩罚后者只会令前者头脑更热，酿成严重

---

① Usui Katsumi, *Alternative Paths*: *Konoe Fumimaro and Sato Naotake* (unpublished essay, 1985).

② Justus D. Doenecke, *When the Wicked Rise*: *American Opinion-Makers and the Manchurian Crisis of 1931 – 1933* (Lewisburg, Pa. 1984), p. 34.

危机。正如他在 11 月告诉驻外的日本使节的，"对激进的民意实行不必要的弹压，会给极端分子可乘之机，在国内导致反华情绪的爆发，造成危险的局面"。[①] 意识到这一点，币原试图说服列强至少接受在中国东北的一些既成事实，以挽救国内的平稳。然而，即使是这种努力，也注定是失败的，因为建立一个独立的"满洲"——陆军正为此忙碌——远远超出了可接受的限度。

将中国的东北三省分离出去，使之成为日本控制下的独立实体，是关东军的激进分子、在中国东北的日本民族主义团体和他们的国内支持者长期鼓吹的目标。1931 年之前，这个运动被成功遏制，可一旦关东军诉诸武力却免受责罚，则得寸进尺，在中国东北建立亲日政权就在所难免了。按照密谋者们尤其是石原的设想，"满洲"将成为自给自足、稳定繁荣的避难所，远离民族利己主义和激进主义。对某些人来说，它甚至将成为所有人——至少所有生息于中的人——共同劳作、安享和平之地。这里的潜台词是，日本要进行自我扩张，赋予稳定新的内涵。

毫无疑问，在 1919 年之后的国际主义背景下，这个新含义会造成相当大的动荡。自给的目标，可能暗示着想在亚太地区建立自足的帝国，使之与世界其他地区更加隔绝。长远来看，追求自给自足对国际体系构成的挑战，不亚于在中国东北使用武力，但在这点上，日本人所为并非孤例。其他国家为保护国内市场和提升竞争优势而采取的单方措施，也在损害经济国际主义机制。经济自主（economic autonomy）同样在实施。

---

① Usui, *Manshu jihen*, p. 127.

例如，就在那时，德国和奥地利正试图建立关税同盟，而英国在关税问题上正继续推行帝国特惠制（imperial preferences）①。当时，日本行为的独异之处，是其军事单边主义包藏经济割据的野心，好将东亚和世界其他地区有效分离开来。

尽管如此，有趣的是，日本政府始终拒绝直言不讳地谴责华盛顿会议体系。虽然侵略中国东北并侵犯中国主权的行为如此明显，但东京仍然宣称遵守九国公约。1932 年 1 月时，这一点表现得很明显，当时国务卿史汀生发表声明，称美国政府"不欲承认"日本"可能以违反巴黎公约条约义务的手段"强加于中国并有损中国主权和门户开放原则的任何条约或协定。声明发给了九国公约的所有签约国，表示美国给日本冠上违犯者之名，是想尽己之责维护华盛顿体系。然而，日本政府的回应是否认曾有任何背约之举。日本仍然遵守门户开放及华盛顿协定的其他原则。可是，日本坚持认为，较之 1921 年和 1922 年，中国如今甚至更加分裂和动荡，所以为践履条约规定起见，日本不得不将此环境变化考虑在内。换言之，在中国东北的军事行动不影响日本遵循既有的国际事务体系。②

中国当然怒斥这一主张，其外交部发言人语带讥讽地指出，分裂动荡的不是别国，而正是日本；其政府已完全无力节制军人。③ 开始时，九国公约的其他签约国还是不愿像美国那样做到谴责日本的地步。英国只是对日本宣称遵守条约

17

① 英国和英联邦其他成员国相互给予贸易优惠的制度，对成员国的进口商品征低税或免税，对其他国家的则收取高额关税。——译者注
② *Nihon gaiko bunsho*（Japanese Diplomatic Documents）：*Manshu jihen*（the Manchurian Incident；Tokyo 1979），2.2：12 – 13.
③ Ibid.，p. 14.

表示满意，法国、意大利和比利时等国随声附和。它们还没准备好联合对抗日本，其政府正忙于更切身紧急的事情，遂选择接受日本的辩词，即亚洲国际事务的基本体制毫发无损。

1932年1月底至2月初，日中两军在上海进行小规模战斗时，列强认为形势变得更加危急。在这场所谓的"上海事变"中，较量双方一是在中国沿海的日本侨民和日本军人，渴望着在中国东北得手后采取更多行动；一是中国的政治家、学生和激进分子，正从事有组织的运动反对日本侵略，所以，事变是"满洲危机"的延续。不过，日本这次对国际舆论更加敏感，注意和列强尤其是美英法协商，以确保它们在上海的国民受到保护。列强则极欲彼此保持联系，好让事变快快结束。不出所料，中国向国联提起申述。日本驻国联首席代表佐藤尚武辩称，中国不是一个"井然有序的国家"，所以日本是在努力恢复那里的法律和秩序，以便列强安享权利。但其他国家的代表不以为然，佐藤感到，日本"在世界舆论中彻底孤立了"。①

这是日本自食其果，"满洲国"新政府在3月1日成立时，这个后果变得更具破坏力。"满洲国"是关东军策动的产物，在世人面前却被说成是当地人民自决权的体现。东京盘算，利用这种手段，即使是对中国领土和行政完整进行如此恶劣的侵犯，也能变得和华盛顿条约相容了。但当日本官员拒绝将"满洲国"的地位问题提交国际仲裁与磋商，反而在9月15日单方面承认新傀儡政权时，他们自己就背叛了条约的精神。做出这个要命的决

① Usui, *Manshu jihen*, p. 183.

定，是在李顿委员会返回日内瓦并向国联提交报告的一周前。报告指责日本的军事行动是不义的，但也要求中国尊重日本和其他国家的权利。除了日本，国联理事会的其他成员都认可了报告建议。

这时，日本政治进入了新阶段。犬养首相在1932年5月15日被一群军官恐怖分子刺杀一事，导致了日本政党政府的垮台。此前，已有两位和20年代经济国际主义关系密切的财界头面人物遇害。这些恐怖主义行动的目的，是建立和新外交政策相称的国内秩序，其中，日本控制中国东北是新政策的核心。在这种环境下，毫不奇怪，日本政府对试图保持西方列强的善意显然不甚在乎。不过，东京没有选择公开否认现有条约。它还是坚持认为，"满洲国"的独立和日本对它的承认不违背九国公约，因为日本不过是在行使自卫权，以在一个没有责任政府的国家保卫自己的利益，并积极响应当地人民自决运动的诉求。以此为由，日本希望得到华盛顿列强的同情，如果不是支持的话。①

国联投票一致通过李顿委员会的报告，使日本的期望落了空。对日本的一连串单方行动感到恼火，到1932年秋，西方列强的态度变得强硬起来。不仅是美国一直在重申不承认原则，英法等国对日本也越来越不满，更有意愿斥责日本违反了九国公约。因此，它们赞成李顿委员会的调查结果和建议是在意料之中，而这说明日本受到了排斥。很明显，日本所谓从未违反条约的保证已无人当真，于是，日本选择退出国联。尽管发生了在中国东北和上海的事端，但日本依然拥护战后的国际

① Usui, "Alternative Paths".

事务体系，这一谎言已不复管用；没有国家会接受这种解释，现在已到了直面这一点的时候。继续待在国联意味着放弃"独立"的"满洲"，东京的领导层认为，为了后一目标而放弃前者是值得的。

然而，这并不表明世界上正形成一个支持中国抗日斗争的反日同盟。这仍然是中国领导人们的目标。的确，国民政府向国联和世界舆论求助的政策，正面临国内的强烈反对。民族主义团体要求采取更积极的行动，并动员全国发起抵制日货等运动。为其所迫，蒋介石不得不下野，从 1931 年 12 月到 1932 年 1 月暂时离任。共产党则高举激进民族主义大旗，于 1932 年 4 月在江西瑞金的根据地对日宣战。这是对蒋介石重新掌权的挑战，他调集了 50 万大军企图围剿共产党。同时，他希望列强制止日本对华盛顿体系的肆意侵犯。有意思的是，到 1932 年，"华盛顿会议精神"已成为中国人敦促列强履行职责惩罚日本的手段。正如国民党的一份公告在 3 月指出，中国正在为条约必须遵守之原则而战，否则世界将失去和平。4 月，心忧时艰的中国公民在一次集会上发表声明，称华盛顿会议在亚太地区建立了和平，但和平正再度受到威胁，这场危机有引发第二次世界大战的危险；为今之计，唯有联合"坚守正义，平等待我"之国家。①

尽管有如许希望，但列强们所能做的，不过是批评日本，对李顿委员会的提议表示赞同而已。华盛顿和伦敦都满足于这些行动，某种程度上指望日本人终能悔悟前非，知错改过。同时，美英都无意动用对日制裁来帮助中国。1932 年是美国政

---

① *Chung‐hua Min‐kuo*, 1.1：431‐442.

治的转折年，公众都在关注胡佛总统和民主党候选人富兰克林·D. 罗斯福的选战。在对日政策上，二者并无分歧。实际上，在选举期间，他们几乎没提亚洲危机。对他们及其支持者而言，更为紧迫的，是采取措施恢复国内经济，至于外交事务，则是欧洲的债务和裁军问题。彼时，欧洲列强正在召开裁军会议，想看看能否保持住稳定英法德关系的洛迦诺机制。欧洲要维持现状，大大仰赖于美国点头施以援手，所以必须圆满解决债务和赔款问题。随着德国反对党甚至德国政府都要求修改规定了德国的赔款数额并限制了德国军备的凡尔赛条约，洛迦诺机制越发前途难卜。它尚未崩坏，人们也没有战后和平安排的整个体系陷于危险的强烈感触。但是，对西方列强为维护体系而充分合作，人们已失去信心。在此形势下，它们难以就采取集体行动、加强国联惩罚日本的力度达成一致。

身处国联和华盛顿条约体系之外的苏联，也不会独力阻止日本。莫斯科没有阻挠中国共产党——或日本共产党——发起反对日本帝国主义的群众运动。共产国际 1932 年 5 月的纲领，将"满洲事变"定性为日本对中国的侵略战争，认为这场战争激化了帝国主义国家间的矛盾，增加了再次爆发世界大战的可能。[①] 但这个纲领的重点不是建立反对日本帝国主义的国际同盟，而是促成日本的内部变迁，引发将带来社会主义革命并消灭反动天皇制的资产阶级革命。莫斯科的领导者们显然判断，西方不可能结成这样的同盟，还很可能担忧后者甚至会默许日本征服中国东北，以之为削弱苏联的有利举措。在断定苏联无

20

---

① Shinobu Seizaburo, (ed.), *Nihon gaiko-shi* (A History of Japanese Diplomacy; Tokyo 1974), 2: 384.

法单枪匹马对付日本后，他们选择着力避祸。具体说来，苏联
政府允许日本使用中东铁路，还透露了将铁路卖给日本的意
思。苏联政府甚至暗示两国缔结互不侵犯条约（有一次，它
表示随时准备和"满洲国"订立相似的协定，这当然意味着
承认傀儡政府）。因此，当其他国家尤其是中国正回避双边交
涉时，苏联却愿意尝试，至少作为权宜之计，以免促发危机，
使帝国主义者有机可乘。[①]

　　以这样或类似的方式，日本的单方面侵略逃脱了处罚，除
了受到国联的责难，没有招致各国的联合反对。正如中国的代
言人频频哀叹的，日本人选对了时机，在西方国家因经济危机
陷入混乱，而中国自身又罹遭内乱天灾的当口发难。不过，日
本的行径给别国政府留下的印象，是对华盛顿体系的首次公然
藐视，这个反应决定了它们将如何应对亚太地区随后的事态变
化。然而，一战后建立的国际事务体系在多大程度上瓦解了，
或"满洲事变"能否以某种方式纳入其中，从而只构成微小
而非重大的侵犯，这一切在 1932 年还很不明朗。很多事情还
要看日本人接下来的一系列决策，以及列强对之如何理解。最
根本的问题是，不管在中国发生了什么，日本和列强还将在何
种程度上在该地区合作。倘若它们继续合作，中国人和苏联人
定会大惑不解——他们对终将爆发世界大战言之凿凿。否则，
爆发世界大战的可能性将大为增加。

一个新华盛顿体系？

21　　日本 1933 年 3 月正式退出国联后，亚洲太平洋局势的一

---

① *Nis-So kosho-shi*, pp. 241 – 244, 286 – 291.

个核心问题，是日本人在多大程度上要继续单干，抑或相反，有意回归与华盛顿列强合作的政策。这既是日本的外交问题，也是其内政问题，因为政党政治已屈服于军人在决策上日渐强大的影响，以致"双重外交"的风险始终存在，文职官员推行一套政策，然后又被军事行动所否定。

不过，1933 年之后的一个时期，文职官员和军人都在关注巩固在中国东北的所得，避免和其他国家再起纠纷。日本军人吞并了大片中国领土，其间还强迫日本内政改天换日。一时之间，胜果已足。他们想消化享用战利品。为达此目的的首项措施，是 1933 年 5 月关东军和中国国民党军事长官签署的塘沽协定。协定规定双方停止使用武力，尊重既定战线所界定的现状。战线大致延长城走向，将"满洲国"和中国余部分开。此外，将在长城以南建立非军事区，此中立区可确保中国军队不会威胁日本在内蒙古的新地位，以及组成"满洲国"的东北三省。因此，协定等于将中国长城以北地区半永久性分离，也等于国民党默认了日本在中国东北的存在。

国民党选择接受这些屈辱条件而非继续抵抗，理由是塘沽协定只是单纯的军事协定，而非承认"满洲国"傀儡政权的外交文件。承认"满洲国"是绝对不能接受的，但虑及长城一线的军事弱点，预防在华北建立日本扶持的分裂政权的需要，以及正在进行的剿共作战，国民党领导层勉强批准了协定。再者，正如他们中的黄郛对蒋介石所言，国际支持说起来好听，但列强并未帮助中国，"我国之难厄，正由我等误信可得国际援助而起"。中国人还是指望着这样的支持。下面将看到，一位高官已被派往华盛顿和伦敦寻求财政援助。可是，除非日本军队攻占平津，侵犯外国的利益——这似乎不可能，否则就不能指望列强干预。因此，假使日本人愿意签订停火协议，将军队撤到长城以北地区，照何应钦将军的说法，即可让中国"安定华北，获得喘息，固实党基国本"。[①]

军事敌对的中止给了东京文官政府一个机会，可以检讨1931年以来发生的一切，重新制定国家的外交政策。这个任务主要落在了外交官广田弘毅的肩上。在1933年9月被任命为外相前，广田一直担任驻苏联大使。他清楚认识到需制止军部独断专行，并向列强保证日本没有扩大战争的想法。外交，而非军事行动，从此将获得优先。但这并不表示回到1931年之前的状态。广田和他的阁僚们接受既成事实，尤其是"满洲国"的"独立"，试图在此基础上稳固日本的外交。他们推断，可在不完全排斥华盛顿条约的情况下做到这一点。换言之，他们有意重建国际合作机制，当然不是依靠国联，而是通过修正后的华盛顿体系。

日本政府的构想，可大略见于外务省在1934年春发表的一系列声明。外务省发言人天羽英二在4月的一次记者会上首度宣称，日本希望西方大国接受时迁境异的亚洲局势，从今往后，日本不会对西方在中国的政治经济活动另眼相看。天羽接着说，维护东亚的和平与秩序，是日本的"使命"。他是在转述广田外相对日本驻南京公使的某一训令，重光葵副外相也曾表达过类似看法。[②] 正如后者写道，日本不能容忍中国向西方国家求助以反对新现状；日本准备拒斥这种干涉。所以，天羽声明的实质，是对以在华多国合作原则为基础的华盛顿体系的

---

① *Chung – hua Min – kuo*, 1. 1：644，651 – 652.

② Hosoya Chihiro et al.，(eds.)，*Nichi-Bei kankeishi* (A History of Japanese – American Relations；Tokyo 1971)，1：122 – 124.

严峻挑战。因此，它被其批评者和拥护者不约而同地称为亚洲门罗主义。但是，在那时，无论是外务省还是日本军部，都不愿冒着疏远西方列强的风险照此原则行事。广田的主要想法是，日本应让中国和西方列强承认日本在亚洲地位的提升，但不公开质疑现有条约的正当性。因此，当美国和英国表达对天羽声明主旨的疑虑时，东京立即向其担保，日本无意冒犯西方国家的在华权益。日本官员还希望，西方国家能将日本视为负有保护其在华权益首要之责的大国。

可见，和华盛顿会议所设想的国际合作相反，日本人正强硬主张自己在中国事务中享有最大的发言权，并竭力让其他国家接受日本的首要地位。遵此前提，就有合作。但他们拒绝和其他国家或国联合作来帮助中国重振经济，推行财政改革。下面将看到，几项这样的方案正在提出，但日本不会参与，因为那就表示它接受了旧有的合作观。正因如此，中国人渴望将尽可能多的国家卷入其国家事务中来。

与此同时，日本试图将新外交拓展到太平洋及海军事务上。深信美国可以接受反映日本东亚地位之提升的太平洋新均势，广田抛出一个两强协议，以重新定义大洋的现状。他宣称，只要彼此的势力范围划分明确，两国就永无剧烈冲撞之虞。由于日美各自称雄西东太平洋，它们理当承认这一事实，保证互不侵犯各自的势力范围。这项动议无果而终，因为美国坚决反对这样的双边安排，视之为对华盛顿体系的又一打击。但这种思想不会消失，它的余响回荡在整个 20 世纪 30 年代，直至大战的前夜。它表明有个观点在日本逐渐得势，即如果美国承认亚洲的新现状，就应能维持太平洋的和平。本着同样的理由，后者拒绝如此露骨地违背 20 年代以来确立了和平的多

23

国协定。

日本坚持日美英三国海军"对等",是出于同一思维。东京的海军首脑在这个问题上立场顽固,认为对等是一个象征。他们对陆军在中国东北的胜利表示欢迎,断言为保护在大陆上新近赢得的地位,日本拥有一支至少和美国平起平坐的海军是至关重要的。正如海军大臣在1933年10月所说,为"坚决拒绝"美国在东亚的干涉,必须建立不受裁军条约限制的海军力量。① 但日本内阁在开始时不愿公开指斥裁军条约。1934年7月被任命为首相的冈田启介,是一名退休的海军大将,他赞同华盛顿体系,并得到多数内阁同僚的支持。他们将希望寄托在为达成新的海军条约,于1934年全年在伦敦举行的预备性海军会谈上。如果能达成新协议,则大国间的合作机制就能存续。但日本海军在对等上不让步,而美国对保留现有的海军比例也同样坚持。结果,东京在1934年12月决定废除华盛顿海军条约。但是,当时只有少数东京官员要求彻底否定整个华盛顿体系,并制定一个全新的国策框架。

至少直到1936年,这样的背离似乎没有充分理由。部分原因是,其他国家大体上也不愿为约制日本而对亚太事务另辟新径。比如,中国人准备在塘沽协定的基础上,稳定和日本的双边关系。对此,中国领导层内部和公众舆论间并非没有争执。他们分成两派,一派切望暂缓抵抗日本帝国主义,一派矢志坚持斗争。蒋介石领导的南京政权建立在两派微妙的平衡上。第一派的代表是汪精卫,第二派是宋子文。后者是蒋介石的妻兄和财政部长,他通过争取西方和国联的支持,极力加强

---

① Hosoya Chihiro et al.（eds）, *Nichi-Bei kankeishi*, 2: 111.

中国的对日地位。他在 1933 年访问美欧，为的是获得贷款和技术援助，以及最重要的——除日本之外主要大国的国际合作，以向中国提供经济发展资金。[①] 但是，他只取得部分成功，因为列强不愿如此公然地站在中国一边来进一步惩罚日本。10 月，宋子文被免去财政部长一职，其失势可知。当时，蒋介石的幕僚们力主对付日本时须更加谨慎，认为在抗日上投入太大，会将国内急需的资源消耗殆尽，尤其是对剿共平乱而言。蒋及其拥护者倾向于将抗日力量视为欲挑战南京政府权威的激进分子。他们认为，从 1931 年到 1933 年，中国人已充分展现了民族自尊，在西方显然不愿联合一致支持中国的情况下，目前的最佳战略，是全力发展尚未被日本控制的国土。

他们对国际形势的评估切合实际，因为在签署塘沽协定之后的数年里，一种对亚太事务体系和走向的不确定感笼罩着西方各国的首都。阿道夫·希特勒在 1933 年 1 月掌权后，形势尤其云谲波诡。希特勒曾公开要求修改凡尔赛和平体系，他甫任德国总理，就退出日内瓦裁军会议，怒斥对德国军备的既定限制，采取行动将体系部分破坏了。和日本的修正主义者（revisionist）一样，他让国家脱离了国联，还制定各项内部措施，削弱信守或同情战后秩序者的影响。

希特勒德国的扩张性不如日本强烈，至少暂时如此。它的眼前目标，是收复在 1919 年丧失的一些中欧领土，而非扩土拓疆。不过，希特勒对恢复德国在亚洲的地位兴致勃勃，不是靠加入不包括德国的华盛顿体系，而是通过单方面采取主动，

25

---

① Stephen Lyon Endicott, *Diplomacy and Enterprise: British China Policy, 1933 – 1937* (Vancouver 1975), p. 35.

接近中国和日本。由于亚洲地区环境的变化，希特勒及其助手
们判断，一项积极进取的东亚政策可削弱美国、英国或法国在
维护华盛顿体系时的地位，从而有利于间接破坏凡尔赛和平体
系。它还将加强德国的对苏地位。尽管被凡尔赛和华盛顿诸条
约排除在外的德苏两国一度勾肩搭背，它们现在正越来越离心
离德，从德国国内纳粹党和共产党势同水火这一点看，就更是
如此。两国无视凡尔赛条约暗中进行的秘密军事合作，在
1933 年走到了尽头。

　　然而，要真正找到增强德国在亚洲权势的最好方法，可没
那么容易。希特勒和一些纳粹官员想承认"满洲国"，借此离
间日本和西方，而德国外交部强烈反对这种做法，担心这会使
德国在世界上过早地陷入孤立。多数文官和职业军人倒是赞成
密切对华关系的政策，因为后者向德国提供了急需的原料，还
有德国军火和消费品的市场。[①] 1933 年后的几年里，后一派观
点占了上风，德国开展各种雄心勃勃的计划扩大对华贸易，最
重要的是，它向中国提供了飞机和航空专家。这些计划和亲日
政策是不相容的，如此一来，在亚洲，德国正在成为中国的亲
密伙伴。但对中国来说，德国的支持并非纯粹的福音，因为其
他西方大国和日本，会反感德国在中国事务中逐渐增大的影
响。不过，在塘沽协定签署后，德国似乎比其他国家更愿提供
援助，甚至不惜触怒日本，这一点很重要。蒋介石多次敦促德
国派遣德国陆军的前任总司令汉斯·冯·塞克特将军来华担任
军事顾问，这项任命冒着日本的强烈反对实现了。某种意义

---

① 　John P. Fox, *Germany and the Far Eastern Crisis*, *1931 – 1938* (Oxford 1982),
　　pp. 38 – 53. 又见 William C. Kirby, *Germany and Republic of China* (Stanford
　　1984), Ch. 5。

上，德国是唯一敢于公然无视日本意愿的国家，这些意愿以天羽声明为代表，即不许外部强国前来援华。但德国愿帮助中国提升国力，并不代表它准备联华反日。希特勒公开表明的亲日倾向不能容忍这么做，而且，德国的亚洲政策可不是为了巩固既定的条约体系。因此，中国不能仅靠德国来抗击日本帝国主义。它还需要英美的帮助。

在这点上，形势不是很明晰。在伦敦，官员们认为亚洲和欧洲事务是相互关联的，他们正受到这个观点的强烈影响。他们针对中日冲突的政策，很大程度上取决于英德关系的状况。比如，若德国对欧洲稳定的威胁增加，则须将大部分海军力量从亚洲水域调近本土，从而使对日强硬变得困难。反之，若英国在欧洲成功保持住对德国的均势，则有更大机会在亚洲发挥积极作用。因此，为在欧洲避免公开的危机，斯坦利·鲍德温（1935～1937年任首相）政府做出了重大努力。英国的战略是双重的。一是所谓的斯特雷萨阵线，即通过英国、法国和意大利的协定来遏制德国，维持欧洲的现状。二是和德国签署的海军协定（1935），协定成功地使希特勒同意把德国海军力量保持在英国海军35%的水平上。这两项措施都逾越了凡尔赛条约，表明伦敦为避免国际危机而孤注一掷。条约体系尚未被葬送，但为维持和平，它遭受了修改，从而打击了各国对战后国际事务体系持久性的信心。

在亚洲，英国也愿和新现实妥协。在国联迫使日本恢复1931年之前状态的努力失败后，伦敦不再通过国际组织寻求解决，而是试图利用其他安排来稳定亚洲大陆的局势。1933年到1934年，英国官员们粗略想过各种可能：同苏联和解以制约日本；与美国合作；采取单方行动，巩固亚洲的海防；主动援助中国的经济发展；还有"和日本永世结好"（用财政大臣内维尔·张伯伦的话说）。① 最后这个由张伯伦大力推动的选择，甚至设想了承认"满洲国"。尽管这一举措未获其阁僚们的称许，但讨论这个及其他选项表明，英国在认真摸索一条新路。正如他们愿意越过《凡尔赛条约》安抚德国，伦敦的官员们也在苦思维持亚洲和平的新机制。他们不赞成背离华盛顿体系的安排；他们不时提醒日本，九国公约依然有效。但英国对千方百计确保更大的稳定甚感兴趣。当时，同苏联或美国密切合作反对日本的策略，似乎不如同后者改善关系，争取日本遵守稳定中国局势的原则来得实际。反复考量的结果，是成立弗里德里克·李兹－罗斯使团，下面将看到，他将为加强中国的经济政治地位助一臂之力。

与此同时，美国正在新任总统富兰克林·D. 罗斯福的领导下。和其前任不同，他不墨守任何一项国际关系的具体制度。在伦敦经济会议上（1933），他表示有意放弃保持金本位的国际合作原则，转而支持一项更加灵活的政策，这项政策能让美国采取单方行动规范黄金价格以及美元和其他货币间的汇率。罗斯福决心集中精力复苏国内经济，不想被国际事务绊住。他会在问题出现时务实应对，而不必被一个更庞大的体系缚住手脚。这并不表示他对国联或华盛顿体系的命运无动于衷；但同胡佛相比，他对维持这些正式制度的兴趣更淡。

罗斯福的务实，他最初对制定首尾一贯的美国外交框架的淡漠，反映在其政府的各项东亚政策中。它们与其说是政策，不如说是些临时的决定，叠加起来也构不成清晰的政策表述。

① Endicott, *Diplomacy*, p. 72.

例如，总统支持 1934 年的《泰丁斯—麦克杜菲法案》，该法案承诺在 12 年后让菲律宾独立。这个决定暗示着对美国在西太平洋的军事地位心中无底，国防部倾向于认为，该地区正落入日本的势力范围。无论是罗斯福还是海军部，都不想做过了头，他们在条约限制内，强力推行一项海军造舰计划。1934年批准这项政策的《文森—特拉梅尔法案》，是重要的第一步。华盛顿还坚决维持既定的条约比例，拒绝日本提出的对等要求。正如海军作战部部长威廉·H. 斯坦德利上将指出，要是美国想维护以九国公约和巴黎条约为基础的国际体系，则在太平洋保有条约所规定的必要海军力量乃势所必然。[1] 从 1934年到 1935 年，日美在这点上立场相左，使在伦敦举行的海军裁军预备会议陷入僵局。尽管它们未能在对等问题上妥协一事，必将使既有的海军条约毁于一旦，从而破坏条约体系的一角，但美国政府宁愿承受此后果，好让日本背负骂名，也不愿赞同改变体系，增长日本的势力。同时，美国国务院对日本签署太平洋协定、承认彼此势力范围的建议反应消极，认为这种做法有悖华盛顿共识。换言之，罗斯福政府的太平洋政策，既没锐意维护华盛顿体系，也没表现出另起炉灶取而代之的强烈兴趣。美国政府关注的远非国际合作，而是同日本的双边关系，而处理对日关系的主要依据，是政府眼中的国家需求和国家利益。

从罗斯福处理中国问题的方式上，可以看出大致相同的趋向。总的来说，他不愿管中国东北的新现状。他追随胡佛不承

[1] Dorothy Borg and Shumpei Okamoto, (eds.), *Pearl Harbor as History*: *Japanese-American Relations, 1931–1941* (New York 1973), pp. 201–10.

认"满洲国"的政策，但不想直接挑战日本的地位。由于国际主义的合作外交未能约束日本并维持华盛顿体系，国务院官员们有种深深的幻灭感，有人现在主张承认新现状，以保住残存的体系。只要美国的权益没有受到公然威胁，只要日本人继续坚持他们依然尊重中国东北的门户开放原则，那么重新稳定局势的最好办法，似乎就是恢复和日本及其他华盛顿列强合作的某种机制。不过，总统对这个方案兴趣不大，而是想看看通过接近苏联，能否建立新的稳定。1933 年 11 月承认莫斯科革命政权，是多种力量作用的结果，其中两国政府的一点共识起了重要作用，即美苏①修好有可能遏制日本。尽管对此绝无公开的谅解，但承认一事表明，罗斯福乐意跳出既有的条约协定体系，进行新的尝试。

罗斯福政府不重视制定全面周详的外交政策，这也是其对华政策的特征。美国仍然对南京政府的困境表示同情，并有意助其恢复经济。一个事例是 1933 年的贷款，美国财政善后公司提供总额 5000 万美元的贷款，供中国人向美国购买棉花和小麦。但这只是一个孤立事件，与其说是系统援华方案的一部分，不如说是美国国内及国会要求处理财政盈余的压力所致。1934 年国会颁布《购银法案》，授权财政部以高于世界市场通行比价的价格收购白银时，同样是这些压力在考验着美中关系。结果，大量白银从中国流失，一些是经日本人之手，以致中国的白银储备从 1934 年 4 月的 6.02 亿元，减少为 1935 年 11 月的 2.88 亿元，中国被迫放弃银本位币制。② 南京重振经

① 原文中提到苏联、苏联人时，有时用 the Soviet Union、the Soviet，有时用 Russia、Russian，译文中统一译为"苏联""苏联人"。——译者注

② Eastman, *Abortive Revolution*, p. 189.

济的努力被打乱，其巩固自身地位的能力也遭破坏。这显然不是美国的一项友善法案，中国官员们拼命劝阻华盛顿实施白银收购政策，但罗斯福政府没有据以应对形势的总体对华战略。虽然当时英国正考虑向中国伸出援手，助其实现财政现代化，虽然白银收购与该计划相冲突，但华盛顿却无意和伦敦协调政策。

面对这种环境，中国在对付日本在中国东北的强固地位时，就不能指望西方列强采取系统协调的政策。由于没有全面的集体回应，只能眼睁睁地看着日本的地位得到巩固。结果是一种新的稳定，它并非完全取代华盛顿条约体系，而是该体系的修改版。至于哪些地方改变了，或改变后的现状如何维持，对此并无共识，因此，每个大国都感到可不顾他国政策而自行其是。不过，至少没有国家想要公开的冲突，所以，一个新机制有可能适时出现。

统一战线

1935 年 7 月，第七届共产国际大会在莫斯科召开。一个新纲领获得通过：建立全世界的反法西斯战线。与会代表们认为，国际形势的特征是法西斯和反法西斯阵营间的斗争，并号召各个民族和国家建立统一战线，反对企图通过瓜分世界来挽救资本主义于崩溃的独裁的法西斯势力。纳粹德国和军国主义日本被视为侵略和战争的主要力量，所以共产国际的宣言号召西方及其他地区的所有国家联合起来反对它们。在每个国家，共产国际指导共产党同工人、农民、城市中产阶级、知识分子和非法西斯党派齐心协力，与法西斯主义斗争。当然，这并非苏联对建立全球同盟的正式呼吁，也非对付德日的具体建议。

30　　不过，和谈判中的法苏同盟条约一道，共产国际大会标志着苏联以秩序与和平的拥护者，而非势单力孤的革命与激进主义的鼓吹者的身份重返国际社会。正当日本和德国已开始疏离既有的条约体系时，苏联反其道而行，正参与进来。但共产国际纲领所表达的兴趣，是通过建立全球统一战线加强——如果不是取代——华盛顿和凡尔赛体系，有了苏联及反抗法西斯帝国主义的各殖民地人民的加盟，这条战线能使前两者更加牢固。最重要的是，苏联的倡议，使风云莫测、矛盾重重的世界形势，具有了某种概念式的明晰。利用两分法将世界一分为二，苏联力图冲破由相互冲突的观念和列强同时追求的各种政策交错而成的迷局，并敦促列强联合起来，共同反对现状的冒犯者。

　　苏联的新策略，一反它在"沈阳事变"后面对日本侵略的谨小慎微。莫斯科不曾干预日本在中国东北的军事行动，它在中国继续鼓动共产党反抗南京国民政府。但苏联领导层显然忧心日本在亚太地区地位增强的影响，并开始为可能的对日冲突做准备。1932 年 12 月，莫斯科承认南京政府；1933 年年末，苏联获得美国承认；1934 年，苏联加入国联。同时，尽管苏联将中东铁路卖给了日本——1934 年 2 月在东京签署正式协议，但它开始实施加强亚太地区防务的积极计划。沿中国东北和西伯利亚的边界，苏联修筑机场，部署四引擎轰炸机，还深挖堑壕，高立脚手架，用潜艇加强太平洋舰队。1933 年开始的第二个五年计划，强调在东西伯利亚建设工厂和城市社区。[①] 这些举动都没逃过日本人的密切监视，边境冲突逐渐增

---

① Hayashi Saburo, *Kantogun to Kyokuto Sorengun* (The Kwantung Army and the Soviet Far Eastern Army; Tokyo 1974), pp. 62 – 74.

加。共产国际反法西斯和帝国主义的纲领，并不表示苏联统帅部预计将在不久后对德日开战，但它显然判断，将两国列为和平的主要威胁，足以说动其他资本主义国家留意苏联成为盟友的潜力，促使它们采取措施反对法西斯主义者。

若这些是苏联所望，则它们并未实现，至少没有立即实现。无论伦敦还是华盛顿，都对如此毫不掩饰地与德日对立不感兴趣。暂时来说，两国政府还是要继续通过与德日合作，而非敌对来稳定国际局势。意大利入侵埃塞俄比亚（1935～1937）期间的事表明了这一点，当时，英美与国联合作，对前者实施经济制裁，但拒绝更进一步，担心使意大利疏远西方，只会刺激德日为其提供保护，令三个法西斯国家联手对抗世界上的其他国家。这是英美想避免的，因为那会沉重打击条约体系。出于同样的原因，它们不接受莫斯科建立反法西斯同盟的要求。即使是和苏联结盟，且在1936年产生了人民阵线政府的法国，也不愿过于严厉地惩罚意大利，从而将后者推向德国的怀抱。1936年3月，德国军队占领莱茵兰，违反了《凡尔赛条约》和《洛迦诺公约》，而西方大国却袖手旁观，宁愿相信这是对国际体系的微弱修正，而非致命挑战。1936年7月西班牙内战爆发后，情况也是这样。西班牙内战为统一战线反法西斯战略的可行性提供了试金石，但英国、法国和美国仅安于建立不干涉委员会，该组织将联合所有利益相关国共同承诺，不插手西班牙之事。这个方案是想保留点国际秩序的表面风光，但正因如此，它的彻底失败将对体系造成损害。

同时，在东亚，英国通过与日本合作框架下的经济援助，继续努力使中国的局势再度稳定。派遣弗里德里克·李兹－罗斯率领的经济使团，就体现了这种策略。背负着促成那些目标的使命，使团于1935年9月抵达日本，其时共产国际大会刚刚休会，接着前往中国，并在那里停留数月。李兹－罗斯的基本想法得到了一些伦敦高层中人的支持，即与日本合作向中国提供贷款，帮助中国整顿当时被美国的购银政策搅得一团糟的金融状况。① 他相信，作为回报，中国人或许会接受劝告，至少默认"满洲国"的存在。他向广田外相等东京官员提出的这项计划，是要在肯定合作式外交框架的同时，明确承认对华盛顿体系某些重要修正的大胆尝试。它的前提假设是，日本尚未完全也无意脱离体系，而中国和其他大国会愿意接受新的现状。因此，李兹－罗斯使团与之有较多共同点的，是英国现行的欧洲外交——只要德意的修正主义不至失控，就与之妥协，而非苏联首倡的大张旗鼓地建立反法西斯同盟。在这些选项面前，选择前者是不须迟疑的。

这是一场豪赌，但却给日本创造了避免国际孤立的绝好机会。如应允和李兹－罗斯合作，广田本可鼓励英国，还有可能通过英国鼓励美国和日本合作，而不去追随苏联领导下的统一战线战略。但日本的政策并不青睐这条路线。相反，它着重加强日本和中国的双边纽带，以稳定两国关系。日本将南京公使馆升格为大使馆的决定，就表现了这一点。这是个富有象征意义的举动，意在向国民政府表示，日本对维持现状抱有兴趣。而广田极欲以外交手段解决两国的重大分歧，也同样是这一点的体现。整个1935年，两国政府在东京和南京举行多轮谈判，想看看能否在一些基本原则的基础上改善关系。由于日本坚持

---

① Endicott, *Diplomacy*, pp. 103–110.

要中国默许"满洲独立"和中国要日本遵守条约间的鸿沟无法弥合，这些会谈无果而终，尽管如此，它们至少是为表明日方善意而做的姿态，暗示着日本无意侵犯中国长城以南的主权，并希望中国投桃报李，不向西方求助。在这种形势下，李兹-罗斯如受到日本官员的冷遇，或许也是不可避免的。他有关建立英日在华合作机制的方案，和东京的现行政策背道而驰。

再者，即使广田想对英国使团持更积极的态度，他也会遭到日本军部的强烈反对。诚然，军部不止一种声音。在战略备战问题上，陆军此刻正严重分裂。以荒木贞夫将军（1933～1935 年任陆军大臣）为代表的一派，坚持一切应服从于有效建立对付苏联的军事力量。这一派在意识形态上极端反共，对共产国际新一轮攻势和苏联在西伯利亚军力增强的影响尤感不安，认为使国家做好预计在数年内——如果不是更快的话——爆发的对苏战争的军事准备，是压倒一切的考虑。而另一派则对"总体动员"更感兴趣。其想法是，为准备战争——一般意义的战争，而不仅是具体的对苏战争，动员国家的政治、经济及智力资源，而不仅是武装力量。这一派的人认为，这种动员乃世界大势所趋，受此强烈影响，他们团结在永田铁山（时任陆军部军务局局长，直至 1935 年 8 月被前一派的一名军官刺杀）周围，想与文官、学者，甚至商人一道，创造出一种有效备战的环境。和前一派相比，后者更"讲科学"，反共意识形态的色彩较淡。两派的争斗在 1936 年 2 月 26 日达到高潮，当天，由前一派的少壮军官率领约 1400 名士兵发动兵变，刺杀了几名内阁大臣，占领了陆军部、参谋本部及其他政府机关。不过，这场暴乱被迅速平定，主谋受到审判，遂为总体动员派的长期统治铺平了道路。其对军事的控制确保了陆军无可争议的影响，"日本法西斯主义"一词时常意指的就是这种现象。

虽然有这样的派系之争，但在 30 年代中期，两派对日本对华政策的看法在根本上是一致的。这是因为它们都认识到巩固日本对中国东北和内蒙古的控制以及避免和南京政权爆发重大危机的重要性。就此而言，军部的思想与政府对华和解的兴趣相吻合。但是，就在这时，大陆上的日本军队，尤其是天津驻屯军（根据 1901 年的《辛丑条约》驻防，守卫北平至海的交通线），图谋在华北建立分裂政权，将当地的反日活动斩草除根。它们不完全是"满洲国"的翻版，但在长城以南地区享有一定的自治，是"满洲国"和国民党控制下的中国之间的缓冲地带。某些军事首脑反对这些举动，特别是石原莞尔，石原是"沈阳事变"的策动者之一，他认识到，为总体动员起见，日本在华北的存在应有所节制，从而减少对日中关系的刺激。对这个问题的歧见中止了日本在华北的挺进，但对日本同英美在亚洲合作的想法，军部其实是一致反对的，所以除了冷淡接待李兹－罗斯使团，广田能做的也不多。

尽管被泼了冷水，但李兹－罗斯还是决心将计划部分实现，他在中国铆足了劲，助其复兴经济和进行货币改革。中国官员们正设法重新稳定因美国的购银政策而失调的货币状况，而唯一的办法，是禁止白银流通，发行与其脱钩的货币。要采取这些措施，自然需要外国银行和外国政府接受新货币，并以其库存白银兑换。在李兹－罗斯的推荐下，英国强烈支持这些举措，因此，到 1935 年 11 月时，中国政府已能启动货币改革，使新"法币"同英镑挂钩。这是英国在既不倒向苏联领导的统一战线战略，也不征得日本首肯的情况下，加强自身在华地位的一个实例。从这个意义上说，英国的成功对挽救奄奄一息的华盛顿体系，或对以全新体系取而代之，都没起什么作用。

美国的政策远没英国的积极。华盛顿对莫斯科主动提出建立反法西斯同盟感到不快，不予正式理会。美国对和苏联一起惩罚德日毫无兴趣。它也不打算自己采取新的外交行动。1935～1936年的多数时间里，罗斯福总统没有流露出真要大胆处理亚洲事务的意思。他不接受日本人有关中国新现状的强辩，也不接受他们提出的海军对等要求。1935年，正式裁军会议在伦敦召开时，东京和华盛顿对这个问题的立场均未改变，于是会议在1936年1月无限期休会，这表明原先的海军条约已经失效，美国、英国和日本不再受其限制。即便如此，罗斯福政府还是不愿调整美国亚太政策的基本方针。

1936年，华盛顿体系何去何从的决定权操之于日本。2月的刺杀事件使东京领导层发生了变动，广田被任命为首相。他在外相位子上待到4月，直至职业外交官有田八郎接替他。广田和有田一道，为逐步撬动直至事实上推翻华盛顿诸条约出力良多。其中的海军条约已遭废止，但广田内阁还想撇开九国公约，如果不是公开否认的话。3月，外务省决定，从今往后，日本将避免公开承诺遵守条约，而是要使其名存实亡。尽管单方废约并不是慎重之举，但日本可不再只是说说而已。[①] 因此，到1936年的时候，可以说日本已卸去所有尚遵守华盛顿体系的伪装。与以往不同的是，日本要为其政策确立新的基

---

① Usui, "Alternative Paths".

础。东京的政府和军部在 1936 年年中谋划替代性政策，这并不是偶然的，努力的结果，是在 8 月起草了两份重要文件——《国策基准》和《外交指针》。两份文件得到内阁大臣们的认

35　可，要求实现三个基本目标：保持日本在亚洲大陆的地位；抵抗苏联的野心；向南洋扩张。①

　　向南洋——欧洲在东南亚和西南太平洋的殖民区——扩张的想法，还只是一个模糊的抱负，但在 1936 年它被写入了对国家目标的说明中，这是由于两项事态的发展：陆军中总体动员派的胜利和海军条约的废除。就前者来说，为可能发生的对苏战争做准备以消除苏联的威胁，仍然是陆军的主要关切，但总体动员派认为，这只是为使日本称雄亚洲所进行的巨大国家努力的一部分。既然海军条约已经失效，在这点上，它和海军对备战美英的强调相重叠。对何者为先——对苏联开战还是对英美开战——陆海军各执己见，但头一次，军部采纳了以美国、苏联、中国和英国为假想敌的国防政策。这不是说日本必欲同时以一敌四，尽管那的确发生了，但这些指针暗示着要和华盛顿体系一刀两断，并野心勃勃地要在亚太地区建立日本的优势地位。

　　似乎是为了坚定这一想法，东京在 11 月和德国签署了反共产国际协定。表面上看，这是对共产国际号召组成反法西斯战线的回敬，使两国能并肩对付共产党的"颠覆活动"。但协定附带的秘密议定书特别提到了苏联，并规定如签约国之一和苏联开战，则另一国不得协助后者。更重要的是，在柏林—罗

---

　　①　*Gendaishi shiryo*（Documents on Contemporary History；Tokyo 1964），8：354 - 362.

马轴心（希特勒和墨索里尼之间有关在欧洲事务中合作的协议）形成仅一个月后签署的反共产国际协定，表明日本准备与欧洲的修正主义强权为伍。此事不仅对日苏关系，还对日本和美英的关系有着深远影响。日本无疑正和华盛顿列强渐行渐远。

日本刚开始调整外交政策，一起对新政策之基构成严峻挑战的事件就发生了。那就是1936年12月的西安事变，事件中，蒋介石在西安古都的近郊，被忠于前东北军阀张学良的部队抓捕。蒋之前在和共产党作战，共产党近来结束了始自东南根据地的"长征"。共产党响应共产国际的新政策，正号召结束内战，建立抗击日本侵略的统一战线。东北的将军受其影响，答应释放蒋介石，作为交换，后者要承诺接受统一战线战略。如果少数派的共产党是唯一坚持抗日的派别，蒋本可拒绝，但到1936年年底，中国的舆论对抗日已更加坚决。首先，在李兹－罗斯使团建议下推行的经济改革措施，正取得显著成功，新货币被普遍接受为法定货币。其次，军事上，德国顾问们正为一支现代化的中国空军奠定基础；1937年年初，德国总顾问估计，中日间的军力对比正逐渐有利于前者。[1] 最后，在政治领域，支持对日和解的人渐成众矢之的，有两事为证：一是1935年11月有人企图刺杀汪精卫，二是一割据政权在广东成立，反对政府的对日政策。[2] 一些国民党要员，尤其是宋子文，正随着中国经济显露复苏迹象而相应地重获影响。即使是蒋介石的亲信，也受到李兹－罗斯改革成功的鼓舞，质疑在

36

---

[1] Fox, *Germany*, p. 211.

[2] 当指1936年6月，广东军阀陈济棠联合桂系军阀李宗仁、白崇禧，以抗日之名发起的"六一事变"，也叫"两广事变"。——译者注

华北维持缓冲政权的明智性和必要性。他们认为，直到那些政权被取消或被南京控制，中国才是一个完整的国家。

西安事变在这一背景下发生，民族主义舆论将迫使蒋介石为求获释而接受张学良的条件，此乃意料中事。国民党领袖回南京后，承诺结束反共作战，全力以赴抵抗日本帝国主义。进入 1937 年后，国民政府和新闻媒体开始表现出这种新态度，而共产党的反应，是将自己的部队编入国民党军。两派对统一战线异口同声，遂使中国身列首批响应共产国际全球同盟号召的国家中。

形势的发展逼着日本领导层重新考虑其政策目标。虽然他们刚采纳了一系列新指针，但日本可能和中国、苏联、美国、英国开战的设想，尚未定为国家战略的题中应有之义，而在 1937 年年初，一些文武官员做出决定，转变日本对华政策正当其时，否则就为时太晚。例如，参谋本部愿意停止鼓动华北的分离运动。当地的缓冲政权全不济事，徒然使中国的民族主义变得更加猛烈而已。除非准备同中国开战，否则日本无法阻止国民党统一中国，参谋本部判断，这场战争应该避免。

37　　军部寻求新政策，文官政府求之不得。1937 年 1 月，广田内阁倒台，前任陆军大臣林铣十郎的内阁取而代之。尽管这是届短命内阁——在 5 月底就辞了职，但新首相任命佐藤尚武为外相却意义重大，后者是职业外交官，之前任驻法国大使，以反对广田—有田路线闻名。虽然其前任都强调日本在华的特殊地位及削弱西方对大陆影响的必要性，但佐藤坚信不疑的是，日本的拯救之道在于开放的国际经济体系，在这个体系中，日本将推进工业化，提振出口贸易。他曾断言，日本尖锐的人口问题的解决，不应依靠在他处安置过剩人口，而应通过工业化，这到头来需要不受限制地获得世界的原料和市场。而一个开放的经济体系有赖于各国的密切合作与协商，因此对日本而言，促进国际合作政策是绝对必要的。①

这些看法，和推动建立自给自足帝国的日本文武官员的新重商主义观是截然相反的，一个有这样想法的外交官竟被任命为外相，此事反映了当时的普遍氛围。人们感到，虽然日本在中国东北取得迅速成功，但仅仅如此并没解决太多问题。相反，它还疏远了中国的民意，使日本在世界上陷于孤立。如果日本不愿在实现自给自足的路上一走到底，并冒被国际社会彻底排斥的风险，那么改弦易辙或许才是聪明之举。充分意识到军部也渴求新政策后，佐藤力主日本接受国民党治下的统一的中国。他明白他对中国东北无能为力，但至少在中国其他大部地区，日本应放弃企图分离北方诸省的政策。4月，在四位内阁大臣（外交、财政、陆军和海军大臣）的一次会议上，这些观点被采纳为官方政策。他们同意，从今以后，日本的华北政策应主要出于经济考量，不再图谋从政治上将该地区从中国分裂出去。② 同1936年的勃勃野心相比，这个政策是明显的倒退。

同时，佐藤极欲重操经济相互依存政策。在其短暂的任期内，他屡次公开表达一个主题，即日本的生存充分依赖"国际商业自由的恢复和资源的开放"。只要列强承认这些原则，并向日本开放原料和市场，则世界和平即可实现。恰在此时，国联正筹办一个有关原料获取的大会。它已成立了一个十七国 38

① 对佐藤外交的一项评估，见 Kurihara Ken et al., *Sato Naotake no menboku* (The Real Worth of Sato Naotake; Tokyo 1981)。

② Shinobu, *Nihon gaiko - shi*, 2：410 - 411.

委员会，有意思的是，日本恭列其中，委员会在日内瓦一共举行了三次会议。① 尽管大会没有立见结果，但这些会议上表达的许多观点，都将最终写进联合国在二战期间及战后宣布的正式主张中。换言之，佐藤的思想反映了那个时代的一股国际思潮，当时，各国政府都在拼命避免战争，并竭力使世界摆脱过激的经济民族主义的旋涡。

不幸的是，新外交不曾得到成功的机会。一来，林铣十郎的内阁极不得人心，因其成员不代表任何政党。二来，更严重的是，它调整对华政策的意向，使陆军中拒绝和新路线妥协的人坐立不安。他们坚信，这个政策只会被中国人利用，削弱日本在大陆的地位。而停止推动华北分离，尤其令建立缓冲政权幕后的天津驻屯军恼恨。其军官确信，如果中国政治和日本政策中的这股风潮继续发展，那么日本迟早会被迫放弃在华北，甚至可能在中国东北的特殊地位。对他们来说，合理的反应只有一种：抵制国民党的复仇主义，努力加强日本对华北的控制。

考虑到天津驻屯军的这种思想，东京的文武首脑们本有责任坚决推行他们的新对华路线。要是林铣十郎内阁继续掌权，或佐藤外相原职留任，局面或许会有所不同。但林铣十郎在6月辞职，近卫文麿亲王被任命为首相。事后证明，这是一个致命的选择。近卫曾任贵族院议长，以日本修正主义理论家之名著称于世。甚至还在20年代的时候，他就一直在说，国联盟约、九国公约和巴黎条约都是依照现状来界定国际体系的，这么做倾向于固定国家的边界，更重要的是，无助于改变根本不

---

① Usui, "Alternative Paths".

公的自然资源分布。像美国和大英帝国这样得天独厚的国家，有充足的理由支持现状，但对日本这样的国家，它只会带来永久的贫困和不公正。"我们必须克服以维持现状为前提的国际和平原则，"近卫写道，"以我为主，拟定新的国际和平原则。"尽管像佐藤这样的官员相信，多边贸易和工业化是解决资源分布不均问题的最好方法，但对近卫来说，还要来点更彻底的。因此，他打心眼里支持在中国东北的军事行动，视之为使日本获得该地富饶资源的必要举措。[①]

在日本试图转变对华政策的紧要关头，竟由这样一个帝国主义者来任首相，影响极其重大。近卫问鼎权力，以及他作为首相声称，世界上存在"富有"国家（"have"nations）和"一无所有"国家（"have not"nations）的冲突，国际正义最终要求重新分配全球的资源和土地，必定使林—佐藤路线的反对者大受鼓舞。虽然这个目标目前尚不可即，但身为"一无所有"国家，日本必须为自己取得"生存权"。在大体公正的国际体系付诸阙如的情况下，日本的大陆政策无可非议。这个声明，以及近卫任命广田为外相，事实上使林铣十郎内阁的新对华政策空忙一场。前面提到，广田作为外相和首相，推动了日中紧密双边关系的营构，以削弱西方在大陆的势力。这样的官员重返外务省，对有所改善的日中关系绝非吉兆。或许和其他文官相比，近卫和广田对使日本在国际事务中深陷悲剧性的孤立，应负更大责任。

---

① Usui, "Alternative Paths".

第二章　日本被孤立

　　1937 年 7 月中日之战的爆发恰逢日本政策定位的关键时刻。数月以来，文职官员和军部首脑们分成了两派：一方想重返经过某些修正的华盛顿体系；一方宁可力争一个新的亚洲太平洋秩序，尽管这一秩序含义笼统。北平城外中日间的小规模战斗使争论更加激烈，直至日本政府决定扩大敌对行动，寻求建立"东亚新秩序"，内争才告一段落。这一举动迫使其他国家表明态度，再次调整各自的立场，不仅是对这场战争，也是对整个亚太秩序。除非它们选择中立消极的政策——由于欧洲形势日渐严峻，这已愈益难行，它们只能要么武力干涉，制止日本侵略中国，要么试着规劝包括侵略者在内的交战双方，说服它们偃兵息武，恢复秩序和稳定。后一对策相当于在欧洲大行其道的"绥靖战略"，然而，它在亚洲从未得到认真尝试。相反，至少在 1937 年 7 月之后的两年里，西方列强和苏联都愿考虑采取除战争以外的或集体实施，或一国单干的手段惩日援华。结果，到 1939 年 9 月欧战爆发时，日本发现自己比以往更加孤立，比德国犹有过之。为何西方有心绥靖德国而非日本，这是一个有趣的问题，且最终和华盛顿体系的存亡息息相关。

日本侵华

　　1937 年 7 月 7 日夜，一个作夜间操演的日军小队在北平
卢沟桥附近遭到枪击。他们视之为宋哲元将军"自治"政府

属下的中国士兵有预谋的袭击，并发起反攻，追至其兵营，打死其中数人。这是一起孤立的枪击事件。[1] 如果东京和南京开始时就令在地指挥官实现停火，本是可以控制的。他们之未能阻止事态升级，以及该事件引发了持续八年的全面战争，只能在不断发展的世界大势的背景下来解释。

起先，首相近卫文麿的日本内阁采取的对策，是阻止战火蔓延。无论是近卫还是陆军的最高指挥，都不曾料到这一事件的发生，也未准备和中国新启战端。不过，在同一时间，一些文官、政客、商人和记者却叫嚣着要诉诸惩罚行动。由于其影响的衰微，他们对国家政治的走势满腔怨愤，并乘卢沟桥事变之机向国家领导层发难，抨击其对华北屈辱性的事态发展视若无睹。对他们而言，7月7日的事件，堪为中国因有西方列强撑腰而愈发自信和傲慢，而日本却退缩的又一例证。尽管公众舆论绝非唯一因素，但近卫却感到为其所驱，不能止步于开启就地谈判以息事宁人。毕竟，是他自己煽动了修正主义思想，为日本控制中国的资源辩护，要求终结由"富有"国家界定的全球现状。因此，他赞成陆军将三个师团从日本派往事发地的应急方案。该方案在7月11日得到内阁批准，刚好在同一天，天津驻屯军和北平"自治"政府的代表们商定停火。

然而，南京拒不赞同谈判，禁止宋哲元达成任何协议。同时，蒋介石向九国公约的签约国求援。国民党党首采取这

---

[1]　作者此处所言，即"七七事变"，又称"卢沟桥事变"。据百度百科，1937年7月7日夜，日军在北平西南卢沟桥附近演习时，借口一名士兵"失踪"，要求进入宛平县城搜查，遭到中国守军严辞拒绝。日军遂向中国守军开枪射击，又炮轰宛平城。中国守军奋起抗战，这就是震惊中外的"七七事变"。——译者注

个行动，也是为了对国内舆论有个交代，西安事变后，中国舆论对日本帝国主义的谴责，显然已更加直言不讳。要是他接受了日本军队和缓冲区政府达成的协议，就会被斥为背叛了西安精神；而在卢沟桥事变的次日，共产党已向全体中国人呼吁，"抵抗日本侵略者的新一轮侵略"。蒋介石必定相信，和 1931 年的形势相比，在政治、军事和经济上，中国已大有起色，而日本在世界上却更加孤立。这些年间，不仅德国和英国积极援华，而且苏联也承认了南京政府，美国则拒绝接受日本在中国东北造成的变局。诚然，这些大国在欧洲问题上有分歧，但同时它们似乎也竭力想阻止彼此的关系严重破裂，它们不干预西班牙内战的协议不管如何浅薄，从中却能看出这一点。所有这些考虑，令蒋介石在 7 月 17 日发表公开声明，号召中国人民誓死抗击日本的侵凌。他下令派遣南京的部队前往华北，进入签署塘沽协定后非军事化的地区。该协定多少存在了四年，现已不再有效。对国民党领导层而言，这显然是在北平地区重树权威的良机，以成为全中国（东北除外）无可争议的政府。①

蒋介石的勇略能否成功，取决于日本和列强的反应。他赌的是日本不愿冒险和南京的部队兵戎相见，以及列强会向日本施压，迫其撤军。在这点上，中国的领袖失算了，至少从短期看如此。他要采取的行动，使一些日本人气焰高炽，他们正力主诉诸更强硬的手段，展示日本固守大陆的决心。7 月 26 日，参谋本部在近卫的支持下，命令执行应急方案，派三个师团前

---

① 最近一篇对卢沟桥事变及其升级的优秀的自传性叙述，见 Matsumoto Shigeharu, *Shanghai jidai* (The Shanghai Years, 3 vol. ; Tokyo 1975)。

往中国。不久，他们和已在华北的部队合兵一处，发动大型攻势，到 7 月末，他们控制了平津一带。8 月，战火延及上海，肇因是一名日本水兵被中国警卫击毙。① 此后，战争持续升级，交战双方都动员了更多部队投入战斗，并号召各自的民众为全面冲突做好准备。双方并未宣战，因为东京和南京都明白这样做的好处，尤其是在和他国打交道时，两国都想从别国获取军需。但名之为"事变"而非战争，并未阻止日中两军激烈厮杀。同时，正如下文所述，对日本人来说，和中国的战争含有诸多不确定因素，他们之无法解决这一问题，是日本在世局中地位每况愈下的一个重要方面。

短期来看，无论如何，蒋介石都误判了形势，因其部队被迫撤出了华北。同时，他也没有立即得到曾指望从列强处获得的支持。当然，由于在中国有众多德国军事顾问，德国积极地介入其中。中国人希望德国继续为中国输运军火，保留顾问，并以其他方式帮助中国抗日。蒋介石想必知道亚历山大·冯·法尔肯豪森将军——德国驻华顾问团总顾问——的乐观看法，即在德国顾问（总数超过 70 人）的指导下，中国军队能够"将日本人逐出长城"。但是，德国肯干的也有限度。德国的谨慎，部分是由于担心苏联的介入。如果德国对中国的要求反应迟缓，则南京或许会向苏联求助，这将引起日本人的警惕，使其要求柏林动用反共产国际协定，以联合做出反应。但德国援华过甚，就可能疏离日本，损害该协定。要摆脱窘境，最好是在战争中持守中立，促使冲突和平解决。这让德国人有了调

① 据百度百科，1937 年 8 月 9 日，日本海军中尉大山勇夫和一等兵斋藤与藏驾车直冲军用的中国上海虹桥机场，被中国保安士兵击毙。这一事件被称为"虹桥机场事件"。——译者注

停的想法，柏林高层在 8 月底开始考虑此事。[1] 和中国人希望从德国得到的相比，这远远不够。

苏联领导层自有其介入中日冲突的理由。统一战线战略的精神，本就要求苏联行动起来，帮助中国反抗日本的侵略。然而，与此同时，在其他国家作壁上观时，苏联也小心翼翼地避免卷入冲突。援助中国的双边计划可能会被日本视同宣战，而苏联尚未做好准备（彼时，约瑟夫·斯大林正大搞清洗运动）。在此情势下，外交部长马克西姆·李维诺夫倾向于和美国、英国及法国合作，采取集体行动。[2] 这等于建立了全球统一战线，使苏联免于孤立。但在战争的最初阶段，没有一个西方民主国家愿在谴责亚洲的冲突之外有所作为。美国国务卿科德尔·赫尔 7 月 16 日的声明就十足表现了这一点，声明表示美国支持和平解决国际冲突。美国把这条信息传达给了各国政府，表明美国重新燃起对国际合作的兴趣，这很重要，但这个姿态并没带来针对中日之战的具体行动。此时，华盛顿不想支持伦敦的共同调停建议。美国所愿做的极致，就是停止对亚洲的战争使用中立法案。在不称其为战争的情况下，美国政府可默许运送包括军火在内的物资给交战双方，其中一些应能抵达中国。这只是随手帮中国一把，但即便是这样轻微的动作，也被美国的孤立主义者及和平团体指为太具挑衅性。[3]

---

[1] John P. Fox, *Germany and the Far Eastern Crisis*, *1931 – 1938* (Oxford 1982), pp. 234, 243.

[2] Jonathan Haslam, "Soviet Aid to China and Japan's Place in Moscow's Foreign Policy, 1937 – 1939", in Ian Nish ed., *Some Aspects of Soviet – Japanese Relations in the 1930s* (London 1982), p. 36.

[3] Robert Dallek, *Franklin D. Roosevelt and American Foreign Policy*, *1932 – 1945* (New York 1979), p. 147.

　　中国人看清了西方政府的这种消极无为，并催促苏联施以援手，推测除德国之外，苏联是最有可能帮助中国的国家。8月中旬，蒋介石向莫斯科提出提供350架飞机、200辆坦克和236门重炮的请求。[①]显然，他指望用这批物资来补充和平衡德国的供给。苏联同意提供所要求物资的大约一半，但想首先和中国签订互不侵犯条约；后者必须承诺不使用这些武器对付苏联。尽管只是小小一步，但苏联至少间接介入中日之战的意愿也是非同小可，因其在日本七八月份捷报频传之后，将一严峻的战略两难摆在了它的面前。

　　日本人渐渐发现，清晰制定战争目标甚为困难。他们并未主动求战，他们在战争前夜声称的目标，是促进日本——"满洲国"——中国在和共产主义斗争、削弱西方影响中的合作。但如战争持续下去，激起中国人民强烈的反日情绪，这个目标该如何实现？当他们坚决地向苏联和西方求援时，该如何劝服他们与日本携手，和这些国家的势力斗争？要是和中国打仗会消耗备战他国——这是日本战略家特别自1936年以来就强调的目标——的资源，那么这样做的意义何在？更具体地说，这场战争应在何地、以何种方式终结，该如何妥善安排，以在某种程度上恢复中日关系的稳定？

　　在将大陆上的敌对行动扩大到超出北平、天津和上海之前，这些问题都是日本的领导者们本应三思的。相反，他们倒开始谈论起持久战来。例如，在9月初，近卫首相发表了有关"精神动员"的声明，要求日本民族团结一心，迎接即将到来的漫长而艰苦的斗争。此次"事变"，他说道，起自中国对日

---

① Haslam, "Soviet Aid", p. 38.

本合法权益的不断践踏，因此，日本军人必须"惩罚"中国人。然而，日本的目标一如既往，即"在两国合作的基础上稳定亚洲"。这一稳定，将为世界和平做出贡献。欲达此目标，唯有中国人停止反日活动，承诺尊重日本的权利。近卫就差没有明说，日本的目的是建立中日"合作"的机制，以取代现存的国际体系，但在东京拒绝让国联讨论这场战争的背后，就是这个意思。9 月 13 日，当中国正式要求国联制裁日本对国联盟约、九国公约和巴黎条约的违犯时，日本外相回应称，在中国的军事行动只是为了迫使后者停止反日政策，因此，以正义、人道和自卫之名，此举合情合理。所以，日本坚持和中国双边解决危机，严拒国联的干预。

46　　此时之情形，堪比"沈阳事变"爆发后的主要事况。和 1931 年时一样，日本在 6 年后决心阻止第三方大国插手，把争端局部化。可是，和早前的危机相比，1937 年的时候，日本在任一目标上都不算成功。不仅国联未被日本的反对吓住，召集了一个由 23 个国家组成的咨询委员会——第一次会议在 9 月 29 日召开，而且苏联和德国已积极介入冲突之中。东京的军部首脑们极度关切苏联干预的可能性，并想使战斗停止。10 月 1 日，四位内阁大臣同意，日本应以外交手段"尽速了结事变"。① 讽刺的是，为止息战火，日本官员们想请德国调停，这等于承认了无法和中国人直接交涉。但鉴于同时和中日保持友好关系符合其利益，德国似有理由出面调停。再者，德国拒绝参加国联成立的咨询委员会，因此对日本而言，请德国

---

① *Nihon gaiko nenpyo narabi shuyo bunsho* (Japanese Diplomatic Documents and a Chronology of Main Events; Tokyo 1955), 2: 370 – 1.

调停能够绕开那个国际机构。结果，德国驻南京大使奥斯卡·
P. 陶德曼扮演了日中官员之间调解人的角色，拟定了双方均
能接受的停火条件。整个 10 月到 11 月初，他都在大力斡旋。
然而，形势变得复杂了，除了国联咨询委员会，一场九国公约
签约国的会议也在举行。此次会议应中国之请，以日本违约为
由发起，并得到了国联和美国的支持，正当陶德曼抓紧工作之
时，它在布鲁塞尔召开了。

　　美国已经加入了国联的咨询委员会，10 月 6 日，当国联
大会谴责日本，并要求召开九国会议时，罗斯福政府迅速响
应，一同谴责日本冒犯了和平及中国的独立。此外，就在前一
天，罗斯福在芝加哥发表了一个重要演说——"隔离演说"，
表示和其他国家一道，隔离"正在造成国际无政府状态和局
势动荡"的国家，是美国利益之所在。他没有点那些国家的
名，但他的国内外听众都清楚，他心里想的是德国、意大利和
日本（鉴于德国在西班牙、意大利在埃塞俄比亚和日本在中
国的所作所为，他曾私下蔑称它们为"盗匪国家"）。尽管演
说措辞含糊，但不难听出其弦外之音。在历经数年相对的消极
被动，以及无意认同某种国际体系之后，美国再次表露出和其
他国家共同"维护和平"的意愿。总统说道，孤立和中立不
再是答案。相反，"爱好和平的国家必须同心协力""隔离世
界上正在传染的不法逆举"。为了使想法具体些，罗斯福考虑
了邀请其他政府一道，就世界上的政治、经济和安全问题订立
普遍条约的可能。此项计划未予施行，因国务卿科德尔·赫尔
认为它尚不成熟，但两人均同意，美国应参加在布鲁塞尔举行
的九国会议。

　　因此，正当日本人要德国人帮忙结束在中国的战事时，他

47

们发现国联和九国公约依旧富有生机，二者都得到了美国的支持。在此压力下，德国的调停或许仍可阻止战争扩大，恢复地区的稳定。事实上，在11月2日，外相广田弘毅将日本可接受的和平条件透露给了德国官员，让其转达给中国人，这些条件或许能提供谈判的基础：内蒙古自治；在华北建立非军事区，治权归南京，但须由亲日官员主政；停止反日活动；合作对抗共产主义。尽管这些条款显然侵害了中国的主权，因此也违反了九国公约，但在此基础上达成的某种停火，也许仍可视为向重新稳定局势迈进了一步。但是，蒋介石不为所动。他坚决拒谈停火条件，除非日本首先恢复原状。另外，他告诉德国调停人，在布鲁塞尔开会的西方列强，"有意在华盛顿条约的基础上，为和平而努力"。① 中国宁肯通过由美英支持的华盛顿条约脱难，而非由可能被日本利用的德国调停。意大利在11月6日加入反共产国际协定一事，想必给了中国人深刻影响，即他们不应给这三个法西斯国家可乘之机，尤其是在它们刚遭罗斯福总统谴责之后。这里，我们再次看到了各种事态进展的有趣结合。世界分裂了，一边是咄咄逼人的法西斯国家，一边是维护诸条约所界定的和平的国家，这一点正比以往益发明显。中国显然认同这一新近出现的看法，并想乘势利用，在国际框架中脱困。

但是，这一分裂远没到不可改变的地步。布鲁塞尔的与会者们未能采取有效方案制裁日本。无疑，英国和法国渴望采取有美国参加的集体行动。伦敦和巴黎的官员们盘算，如果西方主要大国——有可能包括苏联——能够合力回应日本的侵略，

① Fox, *Germany*, p. 266.

即可为在欧洲的类似行动开创先例。由于美国喜欢对欧洲问题冷眼旁观，布鲁塞尔会议正可考验它是否准备履行更加积极的国际合作政策。结果，罗斯福政府并未做好准备。总统相信，美国人民不会支持对日本的高压措施；他们会视之为对"隔离演说"的履行，想象着类似的行动以后会一而再，再而三出现。罗斯福判断，美国无心奉行这种积极行动主义，他否决了布鲁塞尔会议有关经济制裁日本的建议。布鲁塞尔会议在11月24日休会，所得成果，仅为一项支持中国的不痛不痒的声明。由于对列强未能联合行动大失所望，蒋介石终于同意了德国调停。可是，此时军事形势正急转直下。

在九国会议未能达成中国所希望的结果时，日本人本可抓住机会，迅速终止战争。如果他们这样做了，则尚不失浪子回头，且可避免在国际上遭受排斥。陶德曼一如既往地极力想使双方言归于好。不幸的是，布鲁塞尔会议结束时，正赶上日本人在上海南邻的杭州湾登陆，从后方攻击上海的中国守军。这个战略成功了，迫使中国人大批撤离，向南京退却。12月1日，日本人决定追其至首都。国民政府临危弃城，12月13日，南京落入日本兵之手时，只发生了零星的战斗。在接下来的数日内，他们把中国士兵、游击队员和平民百姓集中起来，杀害了他们中的绝大部分（据当代的中国记述，有20万之多）。①"南京大屠杀"使日本几无可能再被接受为国际社会的体面成员，尽管国际社会仍继续努力劝说日本不要造成亚洲局势的进一步动荡。

① 对日军在南京的暴行的规模和程度，著作者们争议激烈。一项最近的评估，可见 Hata Ikuhiko, *Nanking jihen* (The Nanking Incident; Tokyo 1986)。

　　南京陷落的前一天，数架日本军机袭击了美国海军的炮舰"帕奈号"，当时它正满载着美国外交人员和居民，将其撤往上海。舰船倾覆，损及生命财产。事后调查证实，日本飞行员看到了舰上飘扬的美国国旗，但疑其搭载了中国军人和武器。未待命令，飞行员向舰船开火，之后才认识到此举的严重性。"帕奈号"事件震动了太平洋两岸，因其可能导致日美两国的重大危机。它象征着日本藐视美国的条约权利，此事和劫掠南京一道，有使日本在世界上彻底孤立的可能。

　　东京对这两起中国首都内外发生的事件，作了分别处理：
49　迅速解决"帕奈号"危机，但就与中国议和提出了更苛刻的条件。对前一事件的处理，日本其实别无选择，因其未准备好和美国翻脸。"帕奈号"沉没的消息刚到东京，广田外相就接见了美国大使约瑟夫·C.格鲁，表达了他对此事的遗憾。不到两周，日本政府就以华盛顿满意的方式摆平了事件；处理事宜包括道歉和赔偿遇难者家属。如此快速的行动，实在不像日本所为，它表明日本为避免和西方大国的冲突，甘愿做到何种程度。

　　不幸的是，日本和中国打交道时可没有这种敏感。南京的陷落——就在广田和格鲁为将"帕奈号"事件造成的危害降至最小，忙得焦头烂额的那一天，东京的街道上举行了灯火游行，以示庆祝——使近卫内阁头脑发热，更改了早前转达中国人的和平条件。前面提到，蒋介石拒绝了日本的条件，指望西方大国会在布鲁塞尔给中国雪中送炭。可是，如今他愿意接受大部分条件了，而东京却索价更高。正如德国驻日本大使得到的消息，日本要求在华北、华中建立非军事区和政权，中国赔款，并承认"满洲国"。广田外相还暗示，如果中国能终止和苏联的互不侵犯条约，倒戈加入反共产国际协定，那也是求之不得的。换言之，日本要把中国置于其实际控制之下。中国要在 12 月底前接受这些严苛的条件。显然，国民党领导层绝不会那么做。

这些事件使德国进退两难，它越来越难以调解交战双方，从而保持自己在亚洲的地位。或迟或早，柏林将被迫在中日间做出选择。但德国还未做决定；在 11 月初的一次高层会议上，希特勒透露了他征服奥地利和捷克斯洛伐克的计划，如有可能就在 1938 年，最迟在 1943 ~ 1945 年。但是，这一行动需要稳定亚洲的局势，而他起初无意改变在他看来合理的德国亚洲政策的定位。不过，他的幕僚们逐渐施压，想使德国向日本靠拢，这一政策调整要等到 1938 年年初。

同样重要的是美国政策在 1937 年年底有了改变的迹象。确实，"隔离演说"没有带来惩罚日本的霹雳手段，华盛顿在布鲁塞尔也没有支持贸易制裁。但是，在"南京大屠杀"和"帕奈号"事件后，罗斯福总统对发起美英海军参谋会谈的想法有了兴趣。英国已建议采取这一行动，好为可能在亚太地区对抗日本海军的英美合作做好准备。"帕奈号"的沉没使罗斯福乐于接受新的观点，他意识到美国可能卷入亚洲的冲突，哪怕有违本愿。总统对 12 月中旬的事件义愤填膺，他甚至在某一刻突发奇想，要对日本建立海军联合封锁；美英的巡洋舰将横跨西太平洋部署，遏制日本海军，阻止其向菲律宾或新加坡方向侵略。[1] 这项计划无果而终，因为伦敦不愿采取容易导致

50

---

[1]　James R. Leutze, *Bargaining for Supremacy: Anglo-American Naval Collaboration, 1937 - 1941* (Chapel Hill 1977), p. 19.

战争的激烈举动。但罗斯福开始考虑这种战略合作一事具有深远意义，预示着三年后全面同盟的形成。同时，总统终于批准启动参谋会谈，并派遣海军上校罗亚尔·E. 英格索尔（美国海军作战计划局局长）奔赴伦敦，与其英国同行就信号通讯、加密电码和夜间演练交换信息。英格索尔在 1937 年的最后一天抵达伦敦，仿佛预兆着某些重大事件即将发生。

德国决定帮助日本

在亚太事务的历史上，1938 年年初是一个关键时刻。第一，德国改变政策，明确站在日本一边，放弃了持续五年的对华介入。第二，日本政府宣布，不再承认蒋介石政府代表中国，并开始筹划建立亲日政权。第三，英格索尔上校在伦敦执行其秘密使命，这标志着美英海军战略合作的开始。第四，苏联媒体开始尖锐地批判日本，这表明苏联为遏制日本的权势，有意突破目前只给中国少量援助的政策。所有事态发展都表明了中日之战的国际化。迄今为止，日本在国联和布鲁塞尔受到了谴责，但其他大国中几乎没有公开介入战争的。这种模式即将改变。

上文提到，希特勒扭转和中日均保持友好的长期政策并明确支持后者的决定，和 1937 年 11 月会议上起草的战略计划有关。为按预定计划征服奥地利和捷克斯洛伐克，理当预防英国和苏联的干涉，如果日本在中国得手，遍布其势力于亚洲，即可促成这个目标。德国希望，这一进展将在亚洲牵制住英国和苏联，使其在欧洲动弹不得。到 1938 年 1 月，中日在短期内实现和平眼看无望；中国人顽强地拒绝日本人最新的停火条件，而后者也不会考虑重拾 1937 年 11 月的提案。某些人，尤其是德国驻东京大使赫伯特·冯·迪克森，确信日本将赢得战争，认为德国应乘势和日本缔结亲密关系。纳粹的理论家们，比如约阿希姆·冯·里宾特洛甫，一直以来就鼓吹这么干。他写道，"巩固我们与意大利和日本的友谊，并争取所有利益和我们直接或间接一致的国家"，是使德国做好和英苏打仗准备的重要举措。①主张对日亲善的人明白，这意味着承认"满洲国"，从中国撤出军事顾问。德国从 1933 年到 1937 年在中国取得的可观成就，都将一扫而空。然而，鉴于国民党在抵抗日本侵略中大败无疑，这个险看起来值得冒。这些观点最终说动了希特勒，在数月犹疑之后，他在 2 月 4 日任命冯·里宾特洛甫为外交部长，以示赞同。16 天后，希特勒发表历史性的国会演说，他称赞日本和共产主义做斗争，并表示德国不久将承认"满洲国"。

尽管正式承认要等到 5 月，但仅仅是承认的决定就受到日本人的热烈欢迎，他们已发觉自己的国家在 1937 年 7 月后越来越孤立。当然，他们中只有很少人考虑和德国正式结盟。就在被任命为外交部长之前，冯·里宾特洛甫找到日本驻德国武官大岛浩，建议两国"或能以条约或他种方式，使关系更加密切"。大岛感到这个建议太过敏感，遂将消息压下，未向东乡茂德大使汇报。不过，把同德国的反共产国际协定转变为更紧密关系的想法，在东京的一些圈子里日渐得宠。在外务省的文官中，此时出现了日后被称为"轴心派"的派别，这一派以白鸟敏夫为首。白鸟刚从驻瑞典大使的任上被召回，还是外务省情报部的前任头头。这个团体和陆军过从密切，而陆军首

①　Fox, *Germany*, pp. 292 – 3.

脑们颇能接受德国的提议。两者都极欲大刀阔斧地修订日本的政策，使日本更加旗帜鲜明地和法西斯国家站在一起，反对西方民主国家和苏联。如白鸟在当时所说，后面这些国家"实质上是一路货色"，都以唯物主义和个人主义为本。① 他和其文武同僚坚持认为，日本到了和其他"一无所有"国家并肩作战，匡正世局中既有之不公的时候。

52

虽然有这些理由，虽然大岛背着东乡大使，在柏林和冯·里宾特洛甫开始了非正式会谈，但近卫内阁在回应德国的提议时却分外小心。它刚度过"帕奈号"危机，无论是首相还是军部高层，都不想在这个当口采取无法回头的行动，制定毫不含糊地反对西方列强的外交政策框架。柏林的新亚洲政策以这种可能引诱日本领导层，但它尚未准备好将国运和德国彻底拴在一起。毕竟，德国和民主国家的关系仍然飘忽不定，以至于德日正式结盟或许会有预言自我实现的效应，将世界分裂为两大阵营。虽然在口头上支持"一无所有"国家的意识形态，但近卫显然明白，贯彻这种意识形态会激怒西方列强。可是，他在重获西方信任上又鲜有作为，遑论友好合作。这种优柔寡断和犹豫不决，是与其领导相始终的特质。事后看来，可以认为，他要么应试着在解决"帕奈号"危机后趁热打铁，主动改善日本和美英的关系，以最终恢复和它们的某种合作框架；要么就果断行动，利用德国的新政策，谋划另一套外交政策。他两样都没做。

但是，在一个问题上，近卫倒是乐意比较痛快地决策。1

---

① Hosoya Chihiro et al. (eds), *Nichi - Bei Kankeishi* (A History of Japanese - American Relations; Tokyo 1971), 1: 129.

月 16 日，他发表声明，宣布从今以后，日本政府将不再和国民政府打交道，而是"期望中国新政权的建立和发展，与之调整两国邦交，协助建设复兴的新中国"。这一政策意味着两政府间的所有斡旋努力俱已告终，日本决心在中国扶持反国民党和非国民党的势力。东京和南京——或更准确地说，汉口，因中国政府在国都失守后，已向内地转移——的外交关系破裂了，因此近卫声明无异于宣战。近卫首相的峻厉之举，一是由于 12 月的军事胜利，二是为了回应政府内外要求在华速胜的压力，据信只要蒋介石当权，这就无法实现。

否认中国的现有政府——国际上唯一承认的政权，实是意义重大，与德国及意大利不承认马德里政府并无二致。和西班牙不同，中国没有弗朗西斯科·弗朗哥，而且在反对日本的侵略和暴行上更加团结。但日本的领导者们居然相信新政策会起作用，这表现了他们的自信，即随着德国撤走对华援助，其他国家（或许除了苏联）不愿公然招惹日本，中国人不久就会陷入绝望并感到厌战。日本人相信，某些中国领导人将决定与日修好，以结束战争带来的破坏和混乱，而不是指望其他大国提供更加直接和有效的支援。日本人未能估计到，1 月 16 日的声明将使任何一个中国人比以往更难主张结束抗日；由于东京已公然否认中国的合法政府，现在这么做会被视为犯下叛国的罪行。日本对中国"弗朗哥"不切实际的寻求还将持续多年，并以彻底失败告终。

事实上，中国的政治，使任何形式的与日修好都绝无可能。被逼到汉口的蒋介石承诺坚持统一战线，但也在努力巩固自己的权力。国民党正在重组，蒋介石不久将获得"总统"的名号，汪精卫则是"副总统"。这两人是政治对手，而蒋介石的地位，很大程度上取决于他对抗日立场的坚守。当德国人告知他终结军援计划的决定时，他失望透顶，他没有信心中国能在近期获得英美的支持，以替代德国的援助。同时，中国将不得不向苏联求援，好从西北边境获得源源不断的军火。蒋介石清楚，对苏联的依赖会被日本宣传家利用，他们正号召中国人背弃其亲苏的领导者，并和日本一道对抗共产主义。他断言按日本的条件进行的任何合作都不啻对中国的奴役，以此驳斥这些宣传，并试图用日本在亚太地区的终极野心引起西方国家的警惕。有意思的是，中国的领袖频繁提到"田中奏折"——一份据称在1927年起草的文件——以为日本企图征服世界的证据。尽管其真伪存疑——现在普遍认为是伪造的。这份文件将日本在中国的军事行动，描绘为不过是北进南下，控制全亚洲的前奏，之后，日本的目标是称霸全球。要制止这种野心，世界上的所有国家唯有认清威胁，齐心协力，尤其是来帮助中国。鉴于这种想法，近卫声明之徒然强固了蒋介石抗日的意志，又通过蒋介石坚定了其人民抗战的决心，实在不足为奇。①

要是蒋介石知道1938年初的时候，英美参谋会谈正在伦敦举行，他想必会感到他对国际支持的信心得到了印证。当然，他并不知情，但这些会谈标志着亚太事务发生了转折，其决定性意义不亚于希特勒决心承认"满洲国"。两者都使中日战争国际化了。伦敦会谈没有带来正式的战略协调，但令美国代表英格索尔上校感到满意的是，他会晤了英国文官和海军的

---

① *Chung – hua Min – kuochung – yao chih – liao ch'upien：tui – Ju kang – chan shih – chi*（Important Historical Documents of the Chinese Republic：The Period of Anti – Japanese War；Taipei n. d.），6.3：33 – 45.

高层，就英美两国在遏制日本于亚太上所享有的共同利益，同他们进行了磋商。他们讨论了罗斯福总统有关英美联合封锁日本的想法，以及在太平洋上的一般性合作战略。仿佛是为了对会谈表示支持，1月10日，总统命令美国舰队的主力从大西洋调往太平洋。罗斯福的这些举动表明，美国终于愿意开始将包含在"隔离演说"中的集体行动的想法付诸实行。英美在太平洋地区联合行动的动议恰好在德国扭转亚洲政策时提出，这使中日之战肯定不会久限于两国之间。当然，不应对英格索尔出使或美国舰队主力移师太平洋给予特别强调，称之为英美合作确然开始的标志。甚至就在英格索尔即将结束伦敦会谈时，内维尔·张伯伦首相回绝了罗斯福总统关于两国主动召开国际会议，讨论军备和贸易等问题的建议。英国愿意和美国在亚洲合作，但在欧洲，它更愿自行其是以稳定局势，尤其是通过结束意大利和埃塞俄比亚的战争。这一立场将导致张伯伦的"绥靖"外交，下文将作讨论。显然，英美的步调还未完全一致，但重点在于，两国政府开始再一次认识到在亚太地区开展双边合作的价值。这一合作是企图重振华盛顿条约体系，抑或是另起炉灶，人们拭目以待。

绥靖

1938年2月刚过不久，绥靖成了国际事务的主题。一方面，这是对德国吞并奥地利（3月）和捷克斯洛伐克部分地区（9月）的反应。英法在美国的支持下默认了德国的新疆界，而非反对这些征服行径。侵占奥地利和捷克斯洛伐克，是在贯彻希特勒在1937年11月的会议上阐明的计划，这显然违反了《凡尔赛条约》，尽管德国人可以争辩——他们也这样做了——德国不过是将凡尔赛会议提出的自决原则用之于中欧。至少在整个捷克斯洛伐克而非仅是民族成分为德意志的省份（苏台德）被征服前，这种辩辞还说得过去，也就不能视之为敲响了凡尔赛体系的丧钟。这正是英法的政治家们看待1938年事态发展的方式。军事上，他们的国家没有做好迎接德国挑战的准备；短期内，他们不得不致力于整军经武，同时，接受德国在中欧的扩张能够避免战争，为民主国家赢得扩充军力的时间。

不过，另一方面，绥靖绝非仅仅是被动接受德国制造的既成事实。它还表示，西方国家有意通过和修正主义国家的合作而非对抗，来重新稳定国际秩序。这是战争和统一战线之外的又一选择，目的是使德国和其他法西斯国家再次融入国际社会。结果将是一个修正后的凡尔赛体系。或许，欧洲的政治家们推断，将德国、意大利和法西斯西班牙融进一个彼此都能接受的国际事务框架后，局势就能稳定下来。这意味着民主国家一方必须承认德国对奥地利和苏台德的吞并、意大利对埃塞俄比亚的征服以及弗朗哥元首的西班牙政府。这些都等同于接受近来的事态发展，看看能否在此基础上确立新的现状。但西方大国所愿做的远不止此。整个1938年，它们的领导人反复呼吁希特勒和墨索里尼一起召开国际会议，共同思考"战争的根本原因"——按张伯伦的说法。其想法是，就当前的经济政治议题展开广泛讨论，使各国能找出战争的原因，并采取行动制止战争的爆发。民主国家对经济问题尤感兴趣，相信若不做出国际努力终结数年来在贸易、原料、外汇及相关问题上的乱象，就不能恢复稳定的世界秩序。作为对其友善姿态的回报，民主国家希望法西斯国家做出保证，遵守修正后的凡尔赛体系。

欧洲民主国家的领导人们并非孤军奋战。从一开始，罗斯 56
福总统、国务卿科德尔·赫尔、副国务卿萨姆纳·威尔斯，以
及华盛顿的其他官员就对该计划给予支持。毕竟，如上文所
述，正是罗斯福在1月时动过举行国际会议来讨论裁军和贸易
问题的心思，而威尔斯在1937年秋天就提出了类似的想法。
一年之中，为在全球框架内应对不断发展的欧洲危机，罗斯福
通过外交使节和私人信函，与各国领导人保持着密切联系。这
些积极主动，和先前种种经济民族主义的表现形成鲜明对比，
并且反映了一种意识，即在大萧条发生近十年后，美国再度需
要构想一个良好的国际经济秩序。德国、意大利和日本已自诩
为"一无所有"国家，为自己对诸条约的藐视辩护。尽管这
些国家的资源禀赋（自然资源、财力和技术）比其他大多数
国家要优越得多，但至少和美国、英联邦，甚至和中国、苏联
比，它们可以抱怨缺少空间、粮食、原料和国内市场。不管怎
样，自命"一无所有"的国家已诉诸地区主义政策，以建立
自给自足的体系，从而有将世界分裂为若干经济上半独立的泛
区域（pan-regions）的危险。这种局面或许能形成自身的稳
定；泛区域之间也许能取得一种均衡。但是，在1938年，华
盛顿和伦敦的主流观点是，分裂为几大集团的世界只会增加而
非减小战争的可能。这种推想，本质上是20年代经济国际主
义的回潮。曾因应对紧迫的国内经济危机的需要而销声匿迹的
多边主义信仰正在逐渐复苏；至少，它开始影响决策层对国际
事务的思考，成为有关战争与和平思想的基础。

战争可能因经济原因而起的观点并不新鲜，但在1938年，
它构成绥靖战略的基本理由。它意味着近来的某些侵略行径是

可以理解的，如果不是可以原谅的话，有鉴于世界性的经济浩劫，为阻止未来的侵略计，世界各国必须准备好应对根本的经济问题，而非仅仅在危机发生时才做出反应。当时，重建经济秩序的具体方案寥寥无几，但显然，方案将体现 20 年代的国际主义，这再次表明，那一个十年的世界秩序尚未彻底消逝。正是在这个意义上，1938 年施行的绥靖不能仅以在纳粹侵略面前的可耻退让视之。它应被视为从属于一个更为宏大的现象：努力复活某种对国际秩序的共同理解，哪怕是经过修正的，其基础既非统一战线，也非法西斯同盟。在人们看来，这两种选择太容易造成世界的分裂，而绥靖，人们希望，能够包容世界上的大多数国家，20 年代的国际主义就是如此。

　　这对于亚太地区意味着什么？首先，在设想中还将继续存在下去的那种国际经济秩序，与日本的侵略和帝国主义是势不两立的。要是日本参加由西方领导人倡议的国际会议，它一定会被要求放弃地区主义政策，并回归 20 年代的那种更加开放的体系。作为奖赏，日本人将得到承诺，他们在重建后的体系里将有其地位，他们对原料、粮食和市场的需求将获得满足。其次，对中国人而言，这一事态变化意味着从战争和经济枷锁中解脱出来，但他们想要的不仅是回归 20 年代的种种构想。他们会坚持以 30 年代的成就为基础，并坚持作为一个独立的国家，更深地融入世界经济体系。苏联方面会对整个绥靖方案感到愤恨，因其暗示了西方国家仍然拒绝正视法西斯主义的威胁，并接受统一战线为唯一可行的对付这种威胁的战略。

　　西方国家采取绥靖政策后，1938 年全年，日本的领导人们都在意无意地寻求应对之策。除了对华战争和"一无所有"的帝国主义意识形态，这为他们提供了另一种选择。日本日益恶化的收支情况受到严重关切。战争的扩大要求大量进口石油、机床和军需品。日本对外贸，尤其是对来自美国和英联邦进口的依赖令其极度不安；进口不仅会花光宝贵的外汇，还会使日本受制于西方国家，日本之所以要在亚洲大陆建立霸权，就是要消除这种状况。在这种形势下，一些官员主张颁布国家动员法，授权政府管控和使用国家的人力物力，以进行持久战。这一立法将使日本人民的经济、教育和文化活动被国家所控制。因此，法案在 4 月 1 日的通过，可以说使日本在通往极权主义的路上又前进了一步。即便如此，对这些措施能否真的达到预期目的的质疑声不绝于耳，而对总体动员只会将国家资源集聚于对华战争，从而偏废了其他事业的担忧，也从未打消。即使战争进展顺利并最终获胜，单凭此事即可令日本更加自给自足，并使它准备好将来和苏联，以及有可能和英美的战争吗？

　　有虑于此，陆军和文官中的一些人在 1938 年坚持主张限制在中国的军事行动。参谋本部的想法，在其作战课于 1 月 30 日撰写的一份备忘录中得到了很好的体现。备忘录指出了尽速了结在中国的战事，以备战苏联和为彻底实现国家动员做准备的重要性。它还指出，如果蒋介石能改变抗日的想法，或其他国家能居间调停，那可帮了大忙。此外，日本的目标应是保持和增进同美国的友好关系。这不是说在中国不会有进一步的军事行动，而是说应将军事行动维持在最小限度，以 "坚守不出"（passive maintenance），回避进攻作战。[1]这些想法的

---

① Defence Agency, War History Division (ed.), *Daihonei rikugunbu* (The Army Supreme Command; Tokyo 1968), 1: 532 – 3.

大要，在 2 月 16 日大本营的御前会议上提出，并获得批准。虽然这不能算是和西方合作的政策，但它至少表明，日本有意利用国际形势的发展逐步结束战争，以集中精力备战苏联。就此而言，这一策略与西方的绥靖战略暗合。

这些想法在 1938 年春一直在讲，尽管事实上在中国的战争持续扩大。在中国的日本军队坚称，仅仅控制如北平和南京这样的主要城市是不够的；这些区域太小，无助于缓解日本的空间和资源问题，且他们身在中国军队的重围中，正受到不断的袭扰。因此，把行动范围扩大到南京之外乃势在必行，目标是控制更多的城市，如徐州和汉口。东京大本营屈服于这些压力，不断增派援军，4 月之后，在徐州附近发生了大会战，结果日军在 5 月底占领徐州。日军还计划在秋天向汉口，可能还有广州发动攻势。到 1938 年年中，曾从南京撤至汉口的国民政府的大部分人员，已深入内地至重庆。因此，在日本军人眼中所展现的，正是控制中国的半壁河山：北方各省，上溯至汉口的长江一段，以及包括广州在内的沿海重要城市。尽管这一计划和 2 月 16 日使战争局部化的决定完全不合拍，但中国派遣军的主张却说服了足够多的参谋本部和陆军部的大员，即只有军事行动才能迅速解决战争。[①]

59　　但是，与此同时，近卫内阁对这些额外军事行动的耗费极为介怀。因此，它想外交军事双管齐下。意识到蒋介石政权远未被打败，近卫首相欲重新考虑不以该政权为对手的政策，并再度调整日本外交，以利用国际局势的变化。为此，他在 5 月底改组内阁，将力主对国民党和西方强硬的广田外相替换为宇

---

① *Daihonei rikugunbu*，1：546.

垣一成将军，陆相杉山元则由板垣征四郎中将顶替。板垣是
1931 年沈阳阴谋的主事者之一，事后证明，任用他并非明智
之举。但谁都知道宇垣是亲西方的军人，他强烈反对军部在中
国的用兵方式，选择他，表明近卫极欲修改日本的政策和战
略。

　　宇垣外相只在任上干了四个月，但具有重要意义的是，这
一时期恰逢西方绥靖外交的高潮。在位时，他追求两个目标：
发起同国民党的和谈，因此也就实际上否定了近卫 1 月 16 日
的声明；改善和英美的关系。考虑到大本营扩大战争的意愿、
在华中的作战进展实况，以及板垣陆相的坚决反对，二者的风
险极大。板垣不仅对打赢战争和将蒋介石政府降格为"地方
政权"信心十足，还确信这场战争将最终消灭欧美的在华势
力。板垣预感到了一股以后将大为得势的日本思潮：只有在国
际背景下，才有可能从根本上解决对华战争。具体而言，板垣
相信日本应将对华战争置于新的外交框架内，这个框架将使日
本与德意的联系更加紧密，意在削弱苏联和英美的势力。① 这
一思想强调加强反共产国际协定，以之为日本战略的基轴，言
外之意，即彻底打消同西方合作、同国民党和解的念头。

　　宇垣是阻止日本跨过联手德意之桥的最后一道防线。和其
他军人一样，他坚信日本最终的敌人还是苏联，为准备可能爆
发的对苏战争，夺取中国东北是必要的。同时，对军部势力在
日本的坐大，以及他们在中国卷入不必要的战争时那明显缺乏
原则的表现，他深感不安。他相信日中两国应合作开发亚洲丰
富的资源，且两国应欢迎列强的参与。尤其是他在被任命为外

60

---

① *Daihonei rikugunbu*，1：549.

相前不久在日记中写道，在全亚洲的经济和产业事务上，日本应"和列强自由竞争"，尊重它们的权益，与其协力开发资源。此外，宇垣从不相信军事胜利可令蒋介石屈服；要为中日关系建立更稳固的基础，拉拢他才是比较聪明的做法。①

近卫想必知道新任外相的这些想法，其实，这正是他想用宇垣替代广田的缘由。他可能判断，这位受人敬重的陆军首脑也许能助他调整日本的对华政策。因此，首相爽快地答应了宇垣就任新职的条件：日本应开始和中国的和谈，而1月16日的声明应在适当的时候取消。换言之，近卫和宇垣都企图通过外交改善在中国的局面。就在徐州战役落下帷幕时，两位首脑判断，和国民党重启谈判的时机大概成熟了。与此同时，新任外相想改善日本和西方列强的关系，尤其是同美国和英国的关系。他断定它们不想为了中国和日本开战，但最好不要毫无必要地刺激它们，从而使事情变得复杂。再者，在战争解决和"战后管理"的过程中，日本需要英美的合作，而战争的终止自然会改善同它们的关系。这是一个宏大的构想，类似于佐藤外相早前的主张。宇垣让佐藤任其顾问，这并非巧合。前任外相一如既往地关切国力的经济基础，坚信只有通过拓展海外贸易，日本才能解决已更加严峻的财政和原料问题。② 时至今日，假手宇垣，他还有一次机会将其理念付诸日本的外交政策。但时间无多了。

在宇垣的两个主要关切中，第一个——和中国谈判——以惊人的速度得到执行，可惜一无所获。通过中间人，他建议国

---

① *Ugaki Kazushige nikki*（Ugaki Kazushige Diary；Tokyo 1970），2：1235 - 8.

② *Ugaki nikki*，2：1240.

民党指派宋子文和日本政府开始非正式会谈。由于种种原因，蒋介石似乎对会谈持鼓励态度。随着日本军队向汉口和广州推进，战事显然进展不利。谈判或许能让中国方面延缓日本的推进，并争取时间。此外，列强的援助尚无眉目。只有苏联仍在通过西北边境运送弹药，而民主国家未采取任何公开措施制止日本的军事行动。要说它们干了什么，那就是在奥地利和捷克斯洛伐克问题上绥靖德国，这项政策对公然违反《凡尔赛条约》不吱一声，会在亚洲导致严重后果。最后，与日谈判将挫败日本建立遍布占领区的亲日分裂政权的计划。如果东京和国民党（大部分正在重庆）能达成和议，后者就能以中国合法政府的身份返归首都南京。出于这些理由，身为政府中二号人物的行政院院长宋子文得到授权，通过在香港的中间人展开预备会谈。①

　　然而，本可料到的是，除非日本军人和中国国民党奇迹般地改变心意，否则妥协的和平不可能轻易实现。宇垣无法大幅修改广田在南京陷落后定下的和平条件——这些条件中国人是拒绝考虑的。他们的立场没有改变，哪怕其间有更多国土沦于日军之手。宇垣敬重蒋介石乃中国民族主义的象征，愿意帮助中华民族变得更强大，这样双方就可合作对抗共产主义和苏联。但即使对宇垣来说，这种"合作"也意味着日本出于安全考虑控制华北，遑论将东北三省从中国独立出去。假使蒋介石对宇垣驾驭日本的政策有充分的信心，假使他对军事形势彻底感到无能为力，他或许会含垢忍辱地接受这些条件，以为正式停火的铺垫。可是，不巧的是，就在谈判进行之际，日本陆

61

---

① *Ugaki nikki*, 2：1245 - 52.

军和反对宇垣和谈的文官，试图解除外务省对对华政策的控制。他们提出成立独立的中国局，统一负责事关中国的决策制定和政策执行。宇垣视此提案为对其谈判的掣肘，而在他看来，谈判正在顺利进行，因此，当近卫首相支持成立中国局时，宇垣立即递交了辞呈，认为首相所为乃背信弃义。

东京的官僚们勾心斗角的时候，日苏军队在地处南满、同苏联滨海省份和朝鲜均接壤的张鼓峰发生了冲突。确信苏联军队非法跨越"满洲"边境并意在夺取张鼓峰，8月初，驻朝日军奉命予以武力驱逐。随后是小规模的战斗，但在冲突扩大前，一项停火协议在莫斯科签订。此事虽小，却似乎表明日本在军事上准备不足。苏联媒体称此事为一次胜利，而且很明显的是，在没有增援的情况下，和装备更好的苏军交手的日本师团无望取胜。宇垣反对动武，他非常清楚，日本在深陷对华战争时又向苏联启衅，乃愚蠢之举。对中国人而言，日苏之战也许给了他们一线希望，即日本在华中华南的攻势或将消解。毫无疑问，这种想法令他们不愿接受日本的要求。

在和国民党谈判的同时，宇垣还同英国大使罗伯特·克雷吉爵士举行了会谈，希望改善两国关系。外相相信，要在中国达成可行的停火协定，不能没有美英的支持，而他对和后者达成协议尤感兴趣。这可能反映了他对欧洲形势的解读，他在那里看到并为之叫好的是，阿道夫·希特勒和内维尔·张伯伦为避免战争而一起来讨论欧洲问题。同样，宇垣相信，让英国（可能还有美国）接受日本在中国的特殊地位是有可能的。不过他认为，以友好、合作的方式来做较为可取，而不是通过好战言论或虚张声势。日本可承诺尊重英美的在华利益，以获得它们对其大陆地位的支持。怀着这样的打算，宇垣和克雷吉进行了一系列会谈，试图找到两国能达成谅解的地方。

此时的英国政策，以及较小程度上的美国政策，对宇垣的外交未予深信，但两国都愿让其一试。宇垣主事时，正逢捷克斯洛伐克危机的高潮，首相张伯伦和外交大臣哈利法克斯爵士都极力避免亚洲的牵扯。他们的目标是在绥靖德国的同时，重新稳定和意大利及日本的关系。就和前者的关系而言，他们准备承认意大利对埃塞俄比亚的征服，阻止意大利彻底和德国携手。同样，伦敦准备和东京达成某种谅解。尽管无意正式承认"满洲国"分裂政权，但克雷吉得到授权，可以和宇垣探讨在中国从事和平竞争的方式。他们的会谈在 7 月底开始，但还未取得进展，宇垣就辞职了。

美国没有参加各种会谈。当时，华盛顿感兴趣的不过是加强海军在太平洋的地位。陆海军联席会议在 2 月修订了针对日本的传统作战计划——橙色方案。在这个方案中，和封锁日本结合使用的，是正面攻击日本主力舰队这一更老旧的战略。同时，新的《文森—特拉梅尔法案》5 月在国会通过，批准追加建造 69 艘舰船，总吨位 40 万吨。为给扩编的舰队提供后勤支援，必须控制某些太平洋岛屿，8 月，一份参议院的报告建议在中途岛、威克岛和关岛筑垒设防。当时，罗斯福总统的关注点还是欧洲，但他对欧洲提出的具体建议无非是举行讨论一般问题的国际会议而已。他和其他高官唯恐英法卷进和德国的战争，这一不测势必将美国拖入它尚未准备好的冲突中。罗斯福在慕尼黑会议前夕发给希特勒的一封电文，最好地表达了他的态度。在电文中，总统声称，尽管美国"在欧洲没有政治牵连"，但它有其"作为邻国所在世界一员的责任"。他敦促德国元首以和平手段化解所有有关捷克斯洛伐克的分歧。由于罗

63

斯福个人不远万里地介入了错综复杂的谈判中，他没有时间考虑亚洲问题。无论他还是国务卿赫尔，都对宇垣—克雷吉会谈兴趣不大。

不过，对英美而言，这些会谈有其象征意义：它们表明日本渴望改善和英美的关系，而非紧固和德意的联系。华盛顿和伦敦的官员意识到，后一种可能是存在的，在柏林和东京都有势力主张将反共产国际协定转变为明确的同盟。此事扑朔迷离，因为两国政府没有举行正式会谈。确切来讲，如上所述，冯·里宾特洛甫和大岛进行了私下交流，后者身为武官，只向东京参谋本部的上级汇报了情况。不过，后来外务省和其他高官还是知道了德国的建议，并思索着如何应答。他们掌握到，冯·里宾特洛甫所提议的不仅是针对苏联的防御协定，而且是德意日之间签署更加全面的相互安全协定。这个协定将联合三强，规定在其中一强受到第四强——比如英国——的攻击时，彼此负有互施援手的义务。外务省的高官们坚决反对这种扩大化做法，深信日本在备战苏联时，应避免触怒英美。他们还反对承担相互防卫的义务，坚持认为，所提条约只需让三强承诺，在其中一方受到苏联进攻时彼此协商。陆海军反对这种谨小慎微，它们更青睐比较灵活机动的响应，甚至针对英国的德日军事合作也可考虑。① 结果，此事不了了之，一直到1940年。

在此背景下，宇垣和英国大使的会谈值得重视，因其表达了不触犯英美的意思。对德国尤其是在捷克斯洛伐克危机期间

---

① Foreign Ministry（ed.），*Gaimusho no hyakunen*（One Hundred Years of the Foreign Ministry；Tokyo 1966），2：402 - 11.

所展现的实力和强力外交，宇垣并非无动于衷，但与德结盟并以之为基本的亚洲战略的设想，对他丝毫没有吸引力。他敏锐地洞察到必须阻止日本在国际上陷入孤立，并领悟到利用不断变化的国际环境结束对华战争的智慧。正是这种对国际形势的敏感，往往使他被从前的陆军同僚们孤立。事实上，甚至连他在外务省的某些新部下，也开始表达对其路线的不耐。其中几人当面抗议，认为宇垣和克雷吉进行的谈判，只会导致和英美达成屈辱的妥协，而他实在应全力加强日本和德意的联系，好一鼓作气，在中国击垮国民党。① 于是，为阻止日本做出难以更易的承诺，将日本和法西斯国家捆绑在一起，宇垣正在做最后一搏。自然，在伦敦和华盛顿看来，当其专注于欧洲时，宇垣的在任为之提供了喘息的空间。

总之，在1938年春夏两季，亚洲的国际形势几乎没有变化。随着日本军队在中国攻势的持续，恢复稳定的希望变得渺茫。但要说做出不可挽回的抉择，将华盛顿体系取而代之，日本还没到那一步。它在犹豫。正是这种犹豫，使其立场在国内大失人心，又得罪了别国政府。和欧洲的形势不同，绥靖外交在亚太地区没有得到认真贯彻。

东亚新秩序

在9月底召开的慕尼黑会议上，绥靖政策登峰造极。就在张伯伦首相回国后欢天喜地地挥舞他和希特勒的一纸协定时，罗斯福总统发来贺电，表达了对战争得以避免的快慰。副国务卿萨姆纳·威尔斯宣布，实现"一个建立在正义与法律之上 65

① *Ugaki nikki*, 2：1253–56.

的世界新秩序"的希望，从没像今天这样大。① 他们不是在自
欺欺人，而是在表达一种普遍的情绪，即可以通过将德国
（和意大利）重新纳入新的现状来稳定国际局势。这和回归凡
尔赛体系不是一回事：承认中欧的领土变动，就等于接受了体
系受到侵蚀的事实。但是，英法德意达成基本谅解并有美国支
持的欧洲事务机制，保留了凡尔赛体系的一个基本方面。当务
之急，是就经济和军备问题取得一致，使其恢复更多活力。然
而，此事未及筹措，希特勒就吞并了捷克斯洛伐克的余部，表
示他对这项合作事业不屑一顾。

　　与此同时，多少挺过了中欧的危机后，民主国家接下来本
该着手亚太事务了。可是，没有和欧洲绥靖相应的亚洲绥靖，
也没有堪比慕尼黑会议的事情发生。造成这一反差的原因，并
不像乍看上去那么简单。毕竟，英国、法国，甚至美国，对再
次爆发欧洲战争感到忧惧，同时还得做好战争准备，也就不欲
在亚洲激起严重危机。日本人正在大陆上扩大战争，如需外部
压力予以制止，自非正在施压的苏联莫属。西方民主国家也许
认定，诱使日本通过谈判结束对华战争正当其时。如不能在亚
洲达成某种国际协定，单凭慕尼黑会议恐怕不能保证世界的稳
定，毕竟，凡尔赛体系由华盛顿体系而得补济，以至于其韧度
系于后者的遭际。

　　在那次运命攸关的会议之后，无论是伦敦还是华盛顿，都
对亚洲"慕尼黑"没有太大兴趣，从中可看出它们的若干基
本假定。第一，西方政府或许认为，和欧洲的绥靖相比，亚洲

① Arnold A. Offner, *American Appeasement*: *United States Foreign Policy and Germany*, *1933 – 1938* (Cambridge 1969), p. 269.

绥靖的把握要小得多。第二，与第一点相关的一个不言而喻的假定不外是，中国和奥地利及捷克斯洛伐克不是一回事。日本不可能像德国那样诉诸种族合并的理由。日本的军事行动是再明显不过的侵略。第三，与此同时，民主国家或许认为，亚洲的战争发展为世界大战的可能，比不上希特勒的复仇主义所引发的欧洲危机。第四，他们或许推断，和遏制德国的扩张主义相比，苏联在遏制日本人上会更成功些，因此，亚洲的绥靖战略必须将苏联纳为主要参与者；但后者还抱着统一战线政策，此时肯定会激烈抵制对法西斯国家的任何绥靖。事实上，慕尼黑会议给斯大林留下的印象是，西方企图安抚德国，这将软化它们对希特勒保持强硬立场的决心。苏联领袖将适时向希特勒本人要求达成谅解，以对形势变化做出反应。但这是后话，苏联当时对欧洲国际和解的坚决反对，决定了它将同样反对亚洲的"慕尼黑"。

由于上述原因的共同作用，1938 年年末时，西方缺乏绥靖日本的积极性。但欧洲和亚洲还有一个重要区别，那就是美国介入后一地区的条件更加成熟。民意调查显示，美国民众对中日之战表明态度的意愿，要比对当时的任何欧洲问题强烈得多。在同情中国的人占压倒多数（始终达受访者的四分之三以上）的情况下，罗斯福政府即便想那么做，也会发现要和日本达成某种协议事实上是不可能的，除非协议包含日本撤出中国的内容，而这是不现实的。此外，公众正对报纸杂志开始大肆报道的一件事情感到担忧，即美国的对日贸易，尤其是武器出口正在增长。人们马上可由此推知，美国正向日本输运弹药，供后者对付中国人。日本对美国废铁和钢材的倚赖尤其引人注目，这些东西极易被想象为正在变成坦克和飞机，用之于

66

中国。披露出的内容是骇人听闻的，阻止向日本运送原料、武器的运动开始在全美发起。这个运动甚至得到了某些孤立主义者的支持，比如参议员杰拉德·P. 奈和乔治·W. 诺里斯，这和他们面对欧洲问题时的那种远为谨慎和尖刻的态度，适成强烈对比。运动的结果之一，是"美国不参与日本侵略委员会"的成立。① 该组织的名誉主席由前国务卿亨利·L. 史汀生出任，它将有意公开谴责日本的军事行动，并要求以战争物资禁运这样的制裁惩罚日本的个人和团体串联在了一起。迫于这些压力，罗斯福政府肯定无法谋求亚洲的"慕尼黑"。

在此情势下，可行的亚洲绥靖只能是日本和西方大国一道建立稳定的亚洲秩序，这个秩序以战前状态为基础，包括尊重中国的领土完整和门户开放政策。换言之，正如一些西方人想象慕尼黑会议使德国重新融入了一个复活——尽管经历了修正——的凡尔赛体系，亚洲的绥靖意味着重建华盛顿条约体系。确实，列强或许可以暂不考虑中国东北，但至少它们会坚持恢复 1937 年 7 月之前的局面。再者，至少在原则上，日本必须接受经济国际主义的概念。

由宇垣和佐藤这样的人掌舵的日本外交，也许会考虑这种选择，但是，如上所述，因成立中国局一事，前者在 9 月底辞职。取代他的，是曾在 1936 年担任过外相的有田八郎。和白鸟一样，有田被视为外务省"激进"派的领袖（少壮派"激进分子"企图迫使近卫首相任命白鸟为宇垣的继任者，近卫表示反对，于是白鸟推荐了有田②）。对有田的期望是，他能

---

① Wayne S. Cole, *Roosevelt and the Isolationists, 1932 - 1945* (Lincoln, Neb. 1983), pp. 346 - 8.

② *Nichi Bei*, 1: 151.

比前任更无畏地行动，使日本外交顺应修正主义的大业。此外，有田上任时正赶上攻取汉口和广州的重大战役。日本军队在 10 月 21 日占领了广州，6 天后攻下汉口。因此，在战争爆发后的 16 个月内，中国的所有主要城市均落入日军之手。可是，日本方面却没有获胜的感觉。国民党已将政府迁往重庆，并拒绝投降，而共产党和其他组织则握有辽阔的内地，准备着发起最后反攻。

形势如此，要回到 1937 年之前的局面无异于痴人说梦。新的近卫—有田组合明白，日本要么只好继续打下去，要么就请他国调停。但后者必然要求日本做出重大让步，而前者则需更多地消耗国家资源，从而有碍备战苏联。困境之中，东京政府的对策是重要的两步棋：第一，它发出东亚新秩序的宣言，首次明确承认日本摒弃华盛顿条约体系。第二，它继续为建立反苏军事同盟而和柏林谈判。这两步棋都是为了按日本的意愿结束对华战争，同时防止日本在世界上遭到孤立。结果，两个目标都落空了。

11 月 3 日，近卫首相发表公开声明，确定国家的基本目标为建立"一个新秩序，保证东亚的长久稳定"。声明断言，这是日本、"满洲国"和中国的共同目标；三者务必在政治、经济和文化上合作，以在东亚"树立国际公义，同御共产主义，创造新的文化，促成经济联合"。近卫宣称，新秩序之建立，乃"源于吾国立国之精神"，但他也在发表特别声明之际乐观地希望，列强会"正确地理解"该政策，并学会适应地区的"新形势"。最重要的是，尽管国民政府已沦落为"地方政权"，但只要其领导者们不再负隅顽抗，并下定决心和日本为了新目标而共同努力，他们将不被抛弃，因为日本真诚希望

68

与中国同担建立亚洲新秩序的重任。

显然，这个声明反映的看法是，为使战争圆满结束，须在军事胜利后向中国人提出政治诉求。此外，它表示只要国民党放弃抵抗及容共政策，就可以与之合作，从而修改了1月16日的声明。但新的声明对日本和西方列强的关系同样重要，因其让人回想起广田和有田早先对两事的强调：一是要西方承认日本在亚洲的新地位，二是在亚洲建立注重地区政治团结、经济相互依存和文化独特性的自给自足体系，最终都是要将西方势力排挤出去。当有田外相在11月18日向美国政府发出照会，回应华盛顿就侵犯美国权利和在华的门户开放原则表示强烈反对的照会时，后一点更加毋庸置疑。有田的回答毫不含糊：

> 日本政府坚信，当此东亚新形势持续发展之际，欲将适用于目前事变以前形势之概念和原则，不加改易地套用于当下及未来之形势，绝对无助于眼前问题之解决。[1]

换言之，美国政府援引的条约和原则不再有效，因此也不会被日本人接受。可以认为，日本对华盛顿条约的正式否决从此而始。近卫的声明和有田的照会表明，经过长时间的犹豫，日本终于踏上了不归之路。尽管如下文将详述的，日本官员后来对此闪烁其词，甚至为了抚慰美国人而言及在亚洲和太平洋进行合作，但对华盛顿而言，日本的领导层已做出了不可挽回

---

① *Foreign Relations of the United States*: *Japan* (Washington 1943), 1: 797 – 800.

的决定，除非明确否定这些声明，否则现在不可能实现和解。

日本不会收回声明，因为近卫—有田的领导班子还渴望正式展开并完成和德国的结盟谈判。上文提到，非正式会谈已在柏林进行，而外务省并没有正式获悉，但已在进行柏林会谈的日本武官大岛在有田就任前不久被任命为驻德大使，这样，东京政府现在首次牵扯进来。这是有田梦寐以求的。他一直致力于加强日本和德意的联系。但是，与此同时，他还不打算接受德国的建议，即扩大计划中的联盟所针对的范围，使之在苏联之外也适用于其他国家。尽管他毫无保留地服膺"一无所有"国家的意识形态，并为稳步削弱西方在华势力的政策辩护，但他显然判断，彼时一同得罪苏联和英美乃不智之举。再说，外务省官员们在这个问题上对立严重，他不能像代表了共识似地表达亲德观点。不过，海军支持他的审慎态度，大藏相也是如此，而板垣陆相则坚持扩大了的联盟计划，使针对范围覆盖英国、法国和苏联。两种观点无法调和，在这个及其他问题上的分歧，导致近卫内阁在 1939 年初辞职。不过，有田在下届内阁中继续任外相。

因此，和德国的同盟不能落实。但是，通过 1938 年 11 月的声明，日本政府已表明了立场，仿佛是要和德国在慕尼黑大获成功的大胆出击遥相呼应。不过，希特勒至少口头应允了在修改德捷边界时和英法商量，而日本领导层发表的声明却是单边的，不在任何国际行动的框架内。他们也许推断，正如德国的征服行为未受追究，日本也能将既成事实强加给列强，甚至得到它们的暗中默许。如果是这样，则令他们稍感震惊的是，曾正式认可慕尼黑协定的美国，态度决绝地斥责了近卫的"新秩序"声明。

中日之战开始造成日美关系的严重危机，这比美德关系令人不安的状态更加显著。诚然，太平洋两岸的紧张关系已经存在了相当长的时间，还在 1937 年 12 月的"帕奈号"事件后有所加剧，但正是从 1938 年秋起，亚洲大陆上的战争和日美关系的跌宕起落变得紧密相关。无论有意无意，美国的官员们正在得出结论，欧洲绥靖的圆满成功，会在其他地方产生有害影响。

70 不仅日本将因德国的成功而壮了胆色，而且英国的威望和地位也被认为蒙受了损害，这对其在亚洲的权势有严重影响。现在，为保持大陆上脆弱的平衡，英国人比以往任何时候都更加专注于欧洲问题，几乎没有时间和决心来维护更远东地区的现状。这将美国推到了除苏联之外唯一能约束日本的大国的位置上。苏联人可在北方发挥自己的作用，但随着对华战争蔓延至广东地区，在亚洲余部卫护西方利益的责任就落在了美国肩上。近卫和有田的声明发表时，华盛顿的官员们正好在重申立场，这就给了他们措辞强硬地予以反击的机会。国务院强烈谴责"新秩序"照会为"专横、不义和非法"，驳斥日本有单方面"替天行道"（agent of destiny）和建立新秩序的权利。相反，美国遵守将惠泽包括日本在内的所有国家的门户开放和多边经济关系原则。换言之，美国想要日本重返华盛顿会议框架，而非信奉单边主义和日本特殊论这样截然相反的理念。

　　大约就在此时，华盛顿的某些要员开始计议制裁日本的具体措施。他们考虑的是施加经济压力，而非罗斯福曾青睐的模棱两可的海军应急方案。他们对两种想法尤感兴趣：废除现行的对日通商条约和向中国提供贷款。一些官员开始敦促采用第一种想法，视之为制裁日本的有力手段。1911 年的通商航海条约一直规管着两国的贸易，废除它意味着将日美贸易剥除了美国法律的保护。这将使日本对美国的进出口听凭美国摆布。

在其支持者看来，既然日本已明确否定华盛顿条约，则这一手虽然严厉，但却必要。第二种建议不那么严厉：美国可以向中国提供贷款，使之能坚持抗日。财政部长亨利·摩根索成为这一选项的代言人，恳请罗斯福首期贷给中国2500万美元。"民主的未来，文明的未来"，他扬言，"正危在旦夕"。国务卿赫尔的亚洲事务助理斯坦利·K.霍贝克支持摩根索，认为"除非中国人或其他国家遏止日本人的进军，否则一定会有日美在国际政治角力场上面对面决然相敌的那一天"。① 越来越多的华盛顿官员认同这一见解。但对于美国现在应采取的具体行动，他们意见不一。赫尔认为这些建议都不成熟，会不必要地刺激日本，但罗斯福至少批准了贷款计划，于是首批共计数十亿美元的贷款在年底给了中国人。

贷款数额不大，但具象征意义，明示美国有意支持中国，也即暗示要帮忙阻止日本。在英国人和法国人于慕尼黑会议之后仍疲于应付欧洲问题，而苏联为绥靖战略的影响而深感不安的时候，多半令中国人感到宽慰的是，美国人现在比早先更有意愿表明他们对日本政策的强烈反对和对中国斗争的支持。在那个关头，蒋介石和国民党急需有人表此襄助之意，因为在12月20日，国民党首脑之一的汪精卫秘密离开重庆飞往河内，在那里开始了在中国建立亲日政权的活动。

"汪精卫工作"是前述日本政策的产物，即寄望于以某种政治手段结束战争。由于蒋介石看起来不肯配合，日本的文武官员们就指望汪精卫成为最好的替代品。为说服他起而反蒋及

① Jonathan G. Utely, *Going to War with Japan, 1937–1941* (Knoxville 1985), pp. 44–7.

其他同胞，日本人在11月底开出了一张诱使汪精卫叛国的条件清单。条件包括日本尊重中国的"领土完整和主权"，逐步归还在华租界并废除治外法权。作为回报，将由汪精卫建立的中国新政权承认"满洲国"独立，认同日满中联合防共及经济提携之原则。后面这些原则事实上等于侵犯了中国的主权，因为具体实施起来，就是日本在华北和内蒙古驻军，并在长江下游建立中国给予日本特权的经济区。尽管存在这些对中国权利的露骨侵犯，但汪精卫及其拥护者们判断，鉴于曾是其力量之基的广州一带的失陷，支持日本在蒋介石政权之外另立政权的建议并结束战争，方为上策。他们至少可以设法弄清日本人的意图，如果这一行动能带来尚可接受的和平协议，他们将获得"救国者"的美誉，并为对抗共产主义的目标做出贡献。[1]

12月22日，汪精卫飞抵河内两日后，日本政府发表了另一项声明，表达了"同新生的中国调整关系的意愿"——此新中国之人，皆与日本分忧，切盼建立东亚的新秩序。新秩序将建立在反共和经济提携原则的基础之上。汪精卫响应声明，接受了日本的建议。他在致电重庆的蒋介石及其他首脑时解释道，打此一战，中日均感艰难，因此双方谋和正当其时。尽管美国、英国和法国一直在援助中国，但汪精卫说道，它们永远不会亲自出兵对日作战。苏联也不能单枪匹马地行动。至于德国，则乐于帮助交战双方重归于好。既然日本政府已明言奉行尊重中国独立和主权的政策，则可以与之谈判，实现停战，使中国集中力量于"国家建设"。如能克成此事，则两国即能为永久和平奠立基础，为太平洋及全世界的秩序与和平做出贡

---

[1] *Chung – hua Min – kuo*, 6.3：45 –51.

献。虽然汪精卫极其幼稚，但值得注意的是，他的鲁莽行动源于对国际形势的一种看法，这种看法似乎排除了第三方大国为助中国而直接介入的可能。在缺少这种支持的情况下，他断定值得为日本的方案赌一把。①

蒋介石对此表示强烈反对。他告诫国民，莫被日本的宣传所欺，那不过是一块遮羞布，掩藏着征服中国和全世界的野心。他将日本东亚新秩序的概念，斥为逐欧美于亚洲、建立由中"满"日组成的经济单元并奴役中国的政策。日本人所谓的将与之携手的"新中国"，实际上是丧失独立的中国，他们之力主保存东方文明，相当于抹杀中国自身的民族文化。日本有关两国共同反共的口号，同样是在中国保留驻军、控制中国政治和文化的辩辞。蒋介石再度援用"田中奏折"，又一次控诉日本意欲以征服中国为征服世界的第一步；它已经在将西方势力赶出亚洲，颠覆地区的国际秩序。在反对如斯暴虐和疯狂之举的同时，中国正在为全世界打一场正义的战争。蒋介石总结道，尽管其他大多数国家对和中国并肩作战犹豫不决，但中国甘愿为正义之战牺牲所有，并希望世界各国终能同仇敌忾，因为"德不孤，必有邻"。②

当时，大多数中国政治家和将军们站在蒋介石一边，认为汪精卫所为太过异想天开，是不可能起作用的。但他们也承认，许多事情还要看列强的态度。可喜的是，除了德国，没有西方国家对近卫的几次声明表示赞同，而在伦敦、华盛顿和莫斯科，官员们都在说他们的政府决不承认汪精卫靠日本人的阴

73

---

① *Chung-hua Min-kuo*, 6.3：51-4.

② *Chung-hua Min-kuo*, 6.3：33-45.

谋诡计建立的中国"新"政权。在此情势下，美国宣布贷款2500万美元必定尤为受人欢迎。无论款额多么微小，这都是美国支持中国合法政府的清晰信号。之前，小额贷款曾提供给中国，换得对白银的收购，以稳定中国的财政。相比之下，新放贷款显然是军事援助，使中国人能从美国获得卡车和武器。它表明美国有意绕过中立法案来支援中国，并隐晦地谴责日本。这一立场三年不移。

外交革命

1939年1月4日，近卫辞去首相一职。辞职反映了他对在中国无休无止的战争以及内阁在与德结盟问题上分裂的挫败感。接替他的是平沼骐一郎，一名曾任枢密院议长的右翼政客。他是一个软弱的领导者，对国事没有坚定的见解。明知板垣和有田在与德结盟问题上抵牾严重，他仍让两人留任陆相和外相。他俩继续争吵，前者执意要采纳德国的建议，建立针对苏联和欧洲列强的同盟，后者反对这样扩大协定。显然，两种观点不可调和，但在1月19日，平沼内阁做了勉强的折中：日本和德意结成反苏同盟，但只有在保留对同盟适用性的解释自由的情况下，日本才接受同盟所针对的对象有可能包括其他国家。换言之，如果德国卷入和苏联的战争，则日本准备出兵相助，但对战争扩大至包括英法在内的情形，日本不事先承诺反应的方式。这些含糊的保证，就是有田和外务省愿意做的全部，显然，这也是德意所不能接受的。

正当无果的会谈在柏林和罗马举行之际，欧洲的国际形势风云又起，希特勒不顾慕尼黑协定，在3月派兵占领了捷克斯洛伐克的剩余领土。这公然背离了1938年秋天欧洲各政府历尽艰辛达成的约定。对这一背叛绥靖的行为深感震惊，张伯伦首相宣称，从今往后将不再信任和绥靖希特勒，恰恰相反，在他采取进一步扩张领土的行动之前，必须制止他。为挫败希特勒的野心，各大国必须下决心承诺维持现状。因此，德国吞并整个捷克斯洛伐克后没过几天，他就宣布，英国将保证波兰的领土完整。波兰现在成了绥靖终结的象征；希特勒从不掩饰他修改德波边界的野心，他扬言这条边界是在1919年非法确立的；而张伯伦以自己政府的名誉担保要维护之。法国政府也照此行事。伦敦和巴黎还与莫斯科展开会谈，以共同作出安排，制止德国的进一步扩张。

面对这种形势，人们或许以为美国会公开和强烈表示它对英法立场的支持，并协助其与苏联谈判以遏制德国。然而，罗斯福政府还没做好让国家卷入愈演愈烈的欧洲危机的准备。可以肯定的是，罗斯福愿意批准向法国秘密出售军用飞机，并愿为修改中立法案做好全国舆论的准备。正如他在国情咨文中声称，"当我们为中立立法而殚精竭虑时，我们的中立法案可能运行得既不公平，也不公正——事实上可能对侵略者是助纣为虐，而对受害者是见死不救"。显而易见，他想要自己的国家整军经武，帮助民主国家反抗侵略者。他现在不拘使用"民主国家"和"侵略者"这样的字眼，没人会弄错他心中所指的国家。不过，他不会和英法一道保证波兰的独立或捍卫欧洲的和平。暂时来讲，他只关注修改中立法案，甚至还稍有过一个令人想起绥靖战略的计划：4月15日，他公开致电希特勒和墨索里尼，要求他们在十年之内保持克制，不进攻或侵入31个具体指明的国家。如果他们同意，美国将组织一场有关裁军和贸易的国际会议。除了难堪，该计划一无所获，希特勒当众嘲弄了罗斯福的倡议。同时，总统在 1939 年的春天和夏初不时会见苏联大使，但这些会谈并不意味着美国对维持欧洲现状做出坚定承诺，或者美国有兴趣和苏联携手对付德国。

这种慎重和美国政府处理亚洲事务时的坚决形成了鲜明对照。欧洲局势越是堪忧，华盛顿政坛越想在亚洲采取强硬措施，例如对日本的贸易禁运，支援亚洲水域的英国舰队，以及废除和日本的通商条约。这一趋势坐实了之前帮助中国抵抗日本压力的立场，但在 1939 年，它还具有了全球性意义。美国不仅将帮助一个亚洲国家反抗另一个亚洲国家，它还将为维持国际秩序尽己之责。这是因为在中国挫败日本的野心，将阻止它进攻英法在亚洲的领地，减小其作为德国潜在盟友的价值。就此而言，欧洲绥靖的失败，暗示着美国在亚太地区更加强硬的开始。因此，毫不奇怪的是，美日关系的严重危机甚至比英德关系的公开破裂来得更早。

华盛顿有充分理由对日本侵略和德国野心之间的关联感到关切。因为日本的领导人们开始领会到，欧洲危机将引起世界形势的"重大转折"，正如参谋本部的一名高级军官在 4 月时所写。他预计，德国和英美会在 1941 年或 1942 年开战，并断言日本必须做好因势利导的准备。在中国的战争也将受影响；增强国家军力以应对 1941～1942 年的危机，现在变得比以往更加迫切。为做到这点，必须尽速控制中国。然而，与此同时，对华战争久拖不决将消耗国家资源，以至于日本可能无法对国际形势的预期变化做出积极反应。这是一个严峻的两难，但对日本陆军而言，它清楚表明，扩大亚洲冲突是睿智的做法；对华战争不能仅仅在粉碎中国的抵抗和建立傀儡政权的情境下审视；将其视为更加重要的对苏战争的序幕也是不够的。中日之战必须被视为全球政治重大变迁的一个方面。

尽管还是含糊不清，但这一思想显示，日本官员们正越来越对长远前景心驰神往，越来越想使解决战争的目标从属于未来权力与荣耀的幻象。这种倾向，将严重损害日本切合实际地处理眼前问题的能力。总之，在1939年春夏两季，日本军人采取的一些重大行动，使日本和其他国家的关系变得极为复杂。其中大部分行动和对华战争没有直接关系，倒是为了改善日本相对于列强的地位，以迎接国际形势的预期变化。

首先，海军在2月占领了南中国海岸之外的海南岛，次月，海南以南700英里的斯普拉特利群岛（the Spratly Islands）①被并入台湾殖民政府的辖区（1938年，一个海军机构在台湾建立）。这些岛屿名义上属于中国，但中国军队却不能做出任何抵抗。夺取这些领土，表明海军有意将其控制范围延伸至南洋，即使是冒着和英法美关系紧张的危险，这些国家在该地区都有殖民地。我们还记得，早在1936年，日本海军就已成功地将向南渗透的想法写入了重要的战略计划中，但未付诸具体实施。但是现在，鉴于欧洲形势日趋严峻，海军高层显然判断，采取首波行动，削弱西方列强尤其是英国在东南亚的地位正是时候。虽然伦敦和巴黎没有表示正式抗议，但印度群岛（印度尼西亚）的荷兰当局在6月知会东京，它们正在减少来自日本的棉纺织品及其他商品的进口。这是荷属东印度群岛的殖民政权首次采取行动反对日本，预兆着日荷关系危机

76

————————

①　即南沙群岛。——译者注

的来临。

与此同时，陆军决定试探英国的力量，遂在6月封锁了英国在天津的租界。所有进入英国租界的人都要搜身。这一道程序是对英国人的极大侮辱，但也与已移往别地进行的在华战事鲜有关联。日本陆军为此行动辩解的理由，是必须镇压来自租界的反日暴乱分子，但其真实意图是羞辱英国，损其颜面，这对正在柏林进行的结盟谈判兴许能产生有利影响。正是因为这个缘故，英国不愿报复。其官员担心，彼时同日本的任何军事纠葛，都只会促使希特勒动兵，很有可能攻入波兰。结果，他们提出谈判解决。克雷吉大使和有田外相举行了一系列会谈，7月24日，他们起草了一份临时协定，英国在协定中承认日本在对华战争期间的特殊需要，同意不干预日本采取措施维护法律和秩序。这起事件沉重打击了英国的威望，但对迅速缔结轴心同盟无所助益。有田希望利用对英强硬的政策让德国人相信，日本愿意向英国施压，但他还是反对缔结针对英国的正式军事同盟，那会在日本不备之时，将其卷入一场欧洲战争。有田及其大多数部下明白，做此承诺，就意味着日本失去了自由和灵活性，会导致日本在外交和战略上陷于孤立。一名外务省高官指出，即使日本的最终目的是将英法逐出亚洲，时机也尚未成熟，尤其是因为日本必须首先对付北面苏联的威胁。与其和德国为伍并激怒其他国家，不如在欧洲列强间纵横捭阖，利用它们增强日本在亚洲的相对地位，这要高明得多。[①] 这番论证在春夏占了上风，结果，柏林会谈未取得进展。换言之，日本在海南、斯普拉特利群岛和天津的行动严重影响了其与英国

---

① *Gaimusho*, 2：420 - 2.

的关系，但却无助于和德国的关系。这是无能外交之一例，只会给日本在世界舞台上造成更多的困局。

更糟的是，1939 年夏天，日苏关系和日美关系也出现了严重危机。前者的起因，是日本军队和蒙古军队沿"满洲国"和外蒙古接壤的西北边界发生了多次小规模冲突。那片区域名为诺门坎，是有争议的领土，但当地驻扎的日本步兵部队认定，数百外蒙古军队跨越边界侵入了"满洲国"。这些军队被马上击退，但他们不时卷土重来，于是冲突升级。尽管此地距苏联国境约 500 英里，但外蒙古事实上是受苏联的保护的，不久苏联飞机就开始飞临此地。形势有发展到日苏两国爆发冲突的危险，而这是参谋本部的要员们企图避免的。但关东军及东京的某些人乐观地以为，由于忙着应对欧洲形势，苏联没做好大战一场的准备。此外，考虑到正在柏林进行的谈判，如果危机升级，日本还能向德国求援。不顾大本营的审慎态度，关东军下令跨越蒙古边界征讨敌军，并在那里和苏蒙军队遭遇。就这样，从 6 月中旬直到 9 月中旬，日苏两军进行了一系列战斗，双方投入了越来越多的部队，还有坦克和飞机。

苏联令人惊异的顽强抵抗，体现了一项深思熟虑的政策。在 1939 年的最初数月里，莫斯科已充分了解到在柏林正进行德日结盟谈判；另外，在德国占领捷克斯洛伐克后，德国入侵波兰看来只是个时间问题。于是，就在和日本的关系于 1938 年张鼓峰一战后持续紧张之际，苏联当时又在西边面临危局。面对这种形势，苏联的领导者们本可决定安抚日本人，以阻止其和柏林订约，从而专务西部边界的防御。结果恰恰相反，斯大林将赌注压在与之相悖的战略上，与德修好，而对日强硬。部分来说，这可能是佐尔格间谍网发自东京的报告引起的，报

78

告认为，日本在当时不可能想要和苏联打全面战争。即便如此，要遏阻日本沿外蒙古边界的推进，必须加强苏联在东部的军力。莫斯科显然确信，更加可行的做法，是强力应对日本的威胁，打消东京在近期向苏联发动侵略战争的任何念头，同时就暂时休战同德国接洽，以稳定西部边界。

可以认为，苏联在亚洲强有力的军事行动，可能促使日本人为与德结盟而加倍努力。还在 6 月中旬的时候，德国官员就在暗示，除非日本同意接受这样的同盟（按德国的条件），否则他们将改弦更张，和苏联缔结互不侵犯条约。① 然而，对于德国提议的针对英法的同盟的可行性，日本官员还是意见不一。此外，有田外相拒绝相信柏林会违背反共产国际协定的精神，和苏联订立新约。由于这些原因，在柏林的谈判进展甚微，遂迫使德国官员同意和苏联签订条约。结果，这使苏联能够集结火力充足的重兵于"满"蒙边界，甚至从欧洲前线调兵。苏军在 8 月底转守为攻，重创日军。此事及 8 月 23 日苏德互不侵犯条约的公布，是对日本战略的双重打击。

好像这些还嫌不够，日本又挨了一下，这回是来自美国政府。7 月 26 日，华盛顿照会日本，将要废除两国在 1911 年签订的通商航海条约。根据该条约的条款，废约将自通知之日起六个月后生效，即 1940 年 1 月。我们还记得，这一严厉手段在 1938 年年底就曾考虑过，以报复日本公开非难华盛顿条约，但数位官员建议慎重行事。但时至今日，在日本明目张胆地践踏英国在天津的权利，而伦敦对之逆来顺受之后，华盛顿决定，行动起来的时候到了。照会是在有田—克雷吉协定签署仅

---

① *Daihonei rikugunbu*, 1：601.

两日后发出的，这并非巧合。紧随英国威名的失坠，美国动用权力来影响日本的行为。正因日本人乘欧洲形势之利在中国羞辱英国人，美国人决心挺身而出，不让日本在要弄伎俩后全身而退。随着英国的威信和权势在亚洲的衰落，美国出手干预，以免对欧洲造成消极影响。换言之，对把欧洲和亚洲局势关联在一起的兴趣，英美和日本并无二致。

日本官员对废约这一令人震惊的消息并非全无准备。美国的公共舆论呼吁这项措施已有些时日，早在7月，参议院外交事务委员会就已在考虑一项决议，要对违反九国公约的国家实施贸易禁运。参议员亚瑟·范登堡也已提出一项决议，要求政府废除通商条约。但是，尽管有这些警兆，当华盛顿的照会到来时，东京还是大吃一惊。鲜有人想置之不理，认为这无足轻重，或要更进一步，考虑对美国施行报复。日本简直无法承受给自己不断增加的外交困局又添新乱，或是开罪一个如此强大的西方国家。另外，日本和美国的贸易仍然可观。日本还在从美国获得废铁、钢材、石油及其他重要物资，美国已成为这些货物在亚洲之外的最大供应者。不和美国贸易是不可想象的，东京的官员们发现，他们只剩六个月的时间来尝试平息美国的怒火。

1939年8月时，日本的国际地位已严重恶化。在努力了结对华战争时要避免和第三方大国节外生枝，正变得愈发困难，而乘欧洲形势之便增强日本在亚洲的势力的尝试，也未见成效。在日渐催人绝望的处境下，东京的某些人特别是板垣陆相强烈主张，冲出绝境的上上之策，就是尽快和德国结盟，哪怕接受后者的条件。这样日本至少能拥有一个可靠的盟友，否则将在世界上彻底孤立。但平沼首相还是踌躇不前，不想使日本和英美的关系变得更加复杂。就在这些首脑人物还在寻思妥善之策的时候，柏林和莫斯科签署了互不侵犯条约。

　　该条约在 8 月 23 日签署，标志着曾经给国际形势定了性的苏联统一战线战略的逆转。它企图使世界上的所有国家反对德国、意大利和日本。后三者则一同加入了反共产国际协定。但世界还没有真的分裂为这两个阵营。尤其是，美国和英国置身苏联倡导的统一战线之外，试图绥靖法西斯国家，特别是德国。只是在 1939 年，一个结合了统一战线和英美主张的全球同盟似乎才有了可能：英法向波兰做出保证，苏联在诺门坎取胜，日美通商条约被废除——所有这些行动都指明了一个趋势，即在捍卫全球现状的过程中，反法西斯国家的行为比过去更加勇敢，也更加一致。在这个节骨眼上，纳粹—苏联条约公布，举世皆惊。它结束了统一战线；全世界曾拥护和为之行动的人感到被出卖了。苏联的领导层将否认他们放弃了统一战线，反而坚称，和德国的条约是一防御之举，以在帝国主义者企图怂恿德苏互斗，或牺牲后者绥靖前者的时候，保护国家安全。苏联的官员和文人们后来宣称获得了某种道德和战略上的胜利，认为此条约保存了苏联的力量，避免其虚耗于和德国强权的过早交战，从而在两年后战争真的席卷世界时，使苏联更好地拯救了自己和西方。其他国家的共产党人无奈地接受了这种磨人的理论，甚至称颂纳粹—苏联条约是世界无产阶级的胜利。但即使是他们，也无法轻易否认统一战线完蛋了，至少暂时如此。

　　西方国家的政府从未太把统一战线当真，但纳粹—苏联条约仍然出乎意料。它使西方和苏联共同筹谋对付德国的希望破灭了，事实上，它似乎增加了战争爆发的机会。伦敦、巴黎和华盛顿的政府官员与新闻评论一致认为，由于已不存在苏联反击的可能，德国军队随时会长驱直入波兰。现在再想回天，已为时太晚，所以，在9月1日，当预料之事发生时，英法不假思索地以宣战回击。又一场欧洲战争开始了。

的确，这场战争最初是一场欧洲的地区冲突，关涉中欧领土的重新调整。当时，它并不必然会将外部大国牵扯进来，或影响到世界上的其他地区，从而演变为一场全球战争。但是，在亚洲可以强烈感受到外交革命的影响。中国人和日本人都以德苏的敌对状态为处理亚洲事务的既定因素；中国人依靠苏联的帮助和全球统一战线牵制日本，而日本人正要和德国结盟对付苏联，这样可减少后者的对华援助。现在他们已放弃了这些打算。诚然，苏联的领导层向中国人保证，他们对一个独立中国的承诺仍然算数，他们将继续向后者提供武器。但对中国共产党而言，德苏条约是一枚难以下咽的苦果。尽管他们忠实地按照苏联的宣传口径解释条约，但条约对统一战线的影响令他们深感不安，毕竟，统一战线是他们联合国民党战略的基础。

最感惊惶的大概是日本人。平沼首相在8月28日发表了著名的声明，说在欧洲出现了"令人费解的新情况"，随即辞职。这是对外交革命的坦直反应。最令人沮丧的是，日本人没有备选方案；他们的注意力完全投放在同德国谈判缔结针对苏联的同盟上。几乎在一夜之间，他们被迫回到起点从头再来，考虑到美国的态度已趋强硬，这个任务最是困难。确实，就德苏条约意味着统一战线的失败而言，这是令人高兴的；或许，苏联的对华援助将有所减少。但是，这一利好被德国对反共产国际协定精神的背叛抵消了，事实上，根据协定，条约是完全无效的。

因此，欧战的爆发有深远的世界性影响。它不仅表明绥靖政策失败了，还意味着统一战线和反共产国际协定的终止。这三项擘画企图因应凡尔赛和华盛顿条约体系的不断销蚀，重新对国际事务做出安排。现在，这三种安排俱已不复存在，世界正进入一个无序混乱的时期。要从紊乱的状态中产生秩序，或许得再打一场世界大战。这就是为何德国人侵波兰不仅仅是传统意义上的地区问题的原因。正相反，它极其清晰地表明，全世界缺少秩序和确定性。某种秩序是否会出现，那将是何种秩序，这些是所有国家都感兴趣的问题。不后于欧洲人和美国人，中国人和日本人也要给出自己的答案。

第三章　缔结反民主同盟

1939 年 9 月至 1940 年 9 月的一年时间里，日本进行了自己的外交革命，以应对欧洲的战争。1940 年春，随着德国向斯堪的纳维亚半岛、低地国家和法国发起进攻，战争最初的"虚假"阶段①戛然而止，东京深思熟虑后做出决定，乘形势发展之利，再次调整外交政策，这次不仅是和德国与意大利缔结同盟，还要和苏联达成和解。东京建立非民主和反民主国家的世界同盟的宏大计划，使它自身陷入了和美英领导的也在缔建中的民主大国同盟的对抗之中。因此，在德国入侵波兰后的一年里，世界政治再次陷入尖锐对立。其结果，是在太平洋两岸造成了比以往更加强烈的危机感。

东京和华盛顿

然而，日本对欧战爆发最初的官方反应，却与之相反。当他们从震惊中回过神来，组建了阿部信行将军领导的新内阁时，东京的领导层又开始为外交政策和战略寻找基本方针。一些人已开始建议日本效仿德国，和苏联修睦结好。他们相信，德国的扩张主义和修正主义政策将大获成功，不久将在欧洲建立新秩序。苏联看来是个同谋，因此事实上将欧洲分为两个势力范围。在此情势下，对日本来说，加入这些强国，和其一道

---

① 第二次世界大战初期，英法对德宣战后即静守防线，不发一枪，未在西线采取军事行动，直到 1940 年 5 月德国进攻法国。德国称此为"静坐战"，西方则名之为"虚假战争"。——译者注

建立新的全球秩序是合理的选择。对共产主义的意识形态敌
84 视，至少目前来说，必须服从权力政治的考量，尤其是鉴于诺
门坎的惨痛经验（9 月 15 日，在莫斯科签署了一项停火协议，
恢复了战前的状态）。此外，由于苏联仍然是重庆战争物资的
主要供应者，和莫斯科达成谅解，或许可切断这一经甘肃、内
蒙古和新疆的"西北交通线"而来的援助。

在文职官员中，有若干人同意这种推断。现任驻莫斯科大
使东乡茂德、驻罗马大使白鸟敏夫，以及外务省中所谓的
"修正主义者"认为，日苏间的协定将同时向中国人和美国人
施加心理压力，并有利对华战争的解决。这一看法的出现，是
导致太平洋战争爆发的最关键因素之一。为何一些外交文官和
军人沆瀣一气鼓吹这一战略，这是个非常有趣的问题。最根本
的原因，是对久拖不决的对华战争的挫败感。这场战争空耗国
家资源，但未带来任何实利。相反，日本人民却被要求为了一
场目标极不明确的军事行动，越来越多地搭上自己的生计。日
本的领导者们不愿或不能正视一个事实，即说到底，这场漫长
战争的基本原因，是中国民族主义的抵抗。他们说服自己及国
人相信，阻挠速胜的，是给予中国的外援。苏联对重庆的援助
尤其重要。于是顺理成章，和苏联人达成协议，让后者停止向
重庆运送军用物资，将大大有助于结束战争。换言之，日本因
未能在中国取胜而怪罪苏联。日本领导层一直抱着这种寻找替
罪羊的态度，直到全世界起来反对他们。①

---

① Hata Ikuhiko, "Shiron: 1930 – nendai no Nihon" (An Essay on Japan in the
1930s), in Miwa Kimitada (ed.), *Saiko Taiheiyo senso zen' ya* (The Prelude to
the Pacific War Reconsidered; Tokyo 1981), p. 32. 又见 Hagihara Nobutoshi,
Togo Shigenori (Tokyo 1985), pp. 241 – 82。

一些人不拘于策略性思考，沉醉在一个世界新秩序的远景中。毫无疑问，1931 年以来，日本一步步地挑战国际体系，并在 1938 年后反复宣称必须在东亚建立新秩序，以取代运转不灵的华盛顿会议体系。然而，1939 年秋，与苏修好的鼓吹者们突破了这个方案，构想出一套让反英美的强权在全球进行协作的大战略，尤其是日本、德国、意大利和苏联的协作。在反对由英美的价值观，比如资本主义和民主界定的国际秩序上，这些国家看来有共同之处，就此而言，它们都是修正主义国家。它们似乎正在崛起，如果它们能并肩作战，果敢行动，就能一举结束英美的霸权。尽管此前修正主义的体现是推动法西斯国家结盟反共，但是现在，它将是所有反资本主义和民主的势力的联合。 85

很难相信支持该战略的日本人真的考虑到了所有可能的后果。甚至迟至 1939 年，和它即将缔盟的国家相比，日本的经济政治制度和英美有着更多共同点。毕竟，尽管号召作全国动员，要求严格管制国内消费特别是教育和文娱领域，但日本的工商业仍主要掌握在私人手中。虽然反复阐说自给自足的原则，但日本倒是比以往更加依赖石油、铜、废铁及机床的进口，其中大部分来自美国。① 政治上也一样，日本至少还有政党，不曾有哪个地方和德国国家社会主义党和苏联共产党有些微相似之处。尽管受到审查规章的限制，但媒体并非死气沉沉，对政府的批评也得到了容忍，只要不对天皇制提出质疑。日本人着迷甚至沉溺于疏离英美而亲近德苏的想法中，这是对

① *Gendaishi shiryo*（Documents on Contemporary History），43：xl（Tokyo 1970）。

长期战争中所受挫折的情绪反应，与团结全世界修正主义力量的具体计划无甚关联。

至少，德苏瓜分波兰，以及随后苏联在11月入侵芬兰，本可让日本的修正主义者们三思。可是，他们好像将这些事件当成德苏权势勃兴，而日本应与之为伍，仿而效之的又一证据。那些一直鼓吹日本应以向南扩张为目标的人，受到了德苏行动的鼓舞，他们相信这些行动将削弱英国、法国、荷兰及其他欧洲国家的地位，使日本更容易进入它们在亚洲的殖民地。另外，他们感到，反民主力量的联合将利于日本控制中国，中国将屈服于日本，正如波兰在德苏联合力量面前低头。但还很不清楚的是，日本如何能轻易做到它多年来尝试过却失败了的事情。这个战略假设，一旦被苏联离弃，中国人就会放弃抵抗，而美英也会抛弃中国人。反民主同盟的日本支持者们没有想到，这个盟约可能加强而非妨害中国和英美的关系，使征服中国变得更加困难。

86　　新任首相阿部显然认识到了这些问题。纳粹—苏联条约签订后，平沼突然辞职，阿部紧接着出任首相，他力图调整日本的外交政策。这次调整是要和美国达成谅解，他任命野村吉三郎海军大将为外相就是一个明确信号，因为这位大将是公认的温和派，对美国知之甚多。他同意阿部的看法，即在穷尽改善对美关系的一切努力之前，就按照东乡、白鸟和其他一些人的建议与苏联实现和解，是很危险的事情。和德苏贸然修好，必定会使美国的反日政策更加强硬。知会废除通商条约的意向后，华盛顿已表明了坚守立场的决心。这会导致两国贸易完全中断，这个灾难性后果，是同柏林及莫斯科匆促签订友好条约也不能弥补的。出于这种考虑，通过东京的约瑟夫·C. 格鲁大使，野村主持的外务省为签订新的通商条约和美国举行了一系列谈判。

说到底，野村洞察到，日本再次来到了一个十字路口。它要么追随德国和苏联，要么回归早前和美英合作的政策。任一条路都不能确保让日本获得满意的结果。但既然已尝试过德国选项并失败了，则日本没有选择，只能设法安抚在经济上对之如此倚重的美国。

麻烦的是，对华战争和欧战使这一调整困难重重，如果不是不可能的话。即使是野村也同意，需在中国东北和中国的其他部分地区主张日本的特权。日本要待在中国。野村认为有可能实现的是和美国达成某种谅解，从而使日美关系不致因对华战争而恶化。他很清楚，继续战争和与美实现根本和解是难以两全的，但他还是存有某种乐观，即美国会容忍日本在中国的存在，只要日本不直接威胁美国的利益。如此考虑后，他向格鲁大使提出，日本会做出某种妥协，以换得新的通商条约；日本将尊重美国的在华权益，说得具体些，即同意向外国航运重新开放长江下游地区——1937 年以来，这类航运已遭禁停。

由于军部坚决反对更大幅度的举措，日本政府只能做出这些微小的让步。此外，对华政策的微调不等于改变对东亚"新秩序"的追求。即使阿部政府拒绝了亲德联苏的选项，它也从未摒弃上届内阁对新秩序的信念。事实上，12 月底，野村在一份陆海相也署了名的文件上签字，申明了同样的信念。文件声称有必要利用日本在欧战中的中立地位来帮助解决对华战争，并在"东亚及南洋"建立新秩序。① 这暗示了使日本帝

87

---

① *Nihon gaiko bunsho narabi shuyo bunsho*（Japanese Diplomatic Documents and a Chronology of Main Events；Tokyo 1955），2：421 – 41.

国越过中国的海岸向南扩张。这个目标显然会影响日本与英国、法国和美国的关系，这些大国尤其是美国，将极有可能抵制日本在东南亚和西南太平洋的扩张。换言之，只要日本坚持自己目前的在华地位，不放弃南进计划，则野村安抚美国的努力就毫无用处。

华盛顿对形势了然于胸，对野村的建议只给予了冷淡回应。在1939年的最后几个月里，美国的政策也在经历重新调整，强硬派主张对日本采取愈发严厉的措施，并为中国提供更多援助。他们在1938年12月（援华）和1939年7月（废除对日条约）赢得了最初的胜利，但并不打算就此罢手。包括财政部长亨利·摩根索、内政部长哈罗德·伊克斯，以及几位——如果不是全部——国务院亚洲专家在内的强硬派，比以往更加确信日本正处于守势，可以迫其做出更多让步。既然苏联有可能因最近调整外交政策而减少承诺，则美国应准备好做更多事情来援助中国，他们在这点上尤其坚决。美中的紧密关系成为亚洲秩序的基石，这是一代代美国人心中的愿景，现在它正得到罗斯福政府高层的认同，而总统本人也给予支持。于他而言，这与其说是一种情感倾向，不如说是一项务实的政策，因为他认识到，美国为了自身的安全，不得不再次在世界事务中有所承当。国防的成败系于全球均势的维持，而均势的维持需将美国的力量摆上天平。这意味着在欧洲和英法、在亚洲和中国建立更密切的联系。

鉴于"虚假战争"的不确定状态及现有的中立法，罗斯福总统不得不步步小心，而且他不准备和这些国家中的任何一个缔结正式的军事条约。但他向其助手透露，他期望英国和法国"成为我们的第一道防线"，以抵御德国的进攻，因此愿意考虑向民主国家出售飞机。这就必须加快提升战机和其他类型武器的产量。总统此时向国会递交的增加 5 亿美元国防费的请求，只是他为威慑侵略行为而采取的一系列措施中的第一步。"威慑"其实成了当时美国战略的核心概念。[①] 只有扩增军力，美国及其友邦才能挫败敌国的野心。美国的军火将为友邦所需，这点是毫无疑问的。通过表明向友邦提供武器的意愿，美国能够显示决心，从而遏止德国及其盟友的敌对行为。

　　同样的推断也适用于亚洲。在那里，威慑意味着努力阻止日本进攻东南亚和美国在太平洋的领土。在 1939 年年底，确保威慑的最显而易见的方法，就是削弱日本对中国的控制，加强后者的军事能力。威胁废除对日通商条约，是这个过程中的一张王牌；只有日本在中国行止良好，作为交换，美国才会同意签订新的通商条约。因此，对极力寻求妥协的野村外相，美国政府并不理睬，而是坚持要日本接受机会均等原则，以之为谈判任何通商条约的先决条件。这是要日本放弃对在华特殊权益和特别待遇的主张，其实是诱使日本至少重新接受 1937 年的局面，并再次和蒋介石政府打交道。从东京的角度看，这个蛮不讲理的解决方案不可接受，华盛顿很清楚这一点。后者并不急于达成新协定，因此野村和格鲁的会谈在 12 月底陷入僵局，结果，现行条约距废除只余一月之期。

　　不是每一个美国官员都认为这种强硬立场是有利的。格鲁大使和他的某些助手仍然认为，在华盛顿条约框架下才能最好地处理日美关系，并想象着在某种程度上恢复跨太平洋的合

---

　　① 　Robert Dallek, *Franklin D. Roosevelt and American Foreign Policy, 1932 - 1945* (New York 1979), pp. 172, 174.

作。他们相信，确保日本人行止良好的最善之策，是让其身处条约框架之中，从而远离德国或苏联。否则，就会永远地疏离日本，将它进一步推向美国的这些潜在敌人的怀抱。此外，在格鲁及其支持者看来，为了中国和日本交恶并不划算。中国是如此的分裂与混乱，以致无法成为美国的可靠伙伴。而日本则是一更加熟悉的已知数，美国曾与之合作并两相得益。因此，

89　美国的战略应是响应野村的建议，主动采取温和的举措来改善日美关系。然而，这些想法和罗斯福政府正在制定的全球战略是脱节的，罗斯福的战略强调威慑，强调援助像中国、英国和法国这样的潜在盟友。作为纯粹的战术手段，安抚日本或许能争取时间，就像早前对德国的绥靖政策那样，但到头来它不会比慕尼黑协定更能维持和平。

　　中国是这些事态发展的得益者。尽管其领导者们不得不对纳粹—苏联条约的不利影响深感忧虑，但他们有充分理由对美国愈发强硬的对日立场感到满意。他们判断，日本军队的攻势战略已受阻滞，而中国军队反守为攻的时机已到。于是，蒋介石下令于 12 月中旬在全国向日本军队发起正面进攻。① 随之发生的战争中最激烈的战斗不具决定性意义，但使日本军部确信需要再次对战事做重新谋划。在 1940 年最初几个月的大部分时间里，日本为在中国打开局面做了徒劳的努力。

东京和南京

　　1940 年 1 月 16 日，由于外交战线的工作没有起色，阿部

---

　　①　即国民党 1939 年底至 1940 年初发动的冬季攻势。——译者注

内阁引咎辞职。接替阿部为首相的，是米内光政海军大将。有田八郎回到外务省，第三次负起领导之责。在必须阻止和美国爆发危机这点上，米内和有田与各自的前任有基本共识。米内是退休的海军大将，见解和野村略同，有田则以反对和德国缔结针对英美的同盟闻名。新的领导者们真心想改善日本和英美的关系，但要实现他人未竟之事，他们的希望很是渺茫。美国确实没给他们机会，在东京的新内阁成立十天后，美国正式废除了和日本的通商条约。

果然，米内内阁随后转向中国——日本唯一能采取主动的地区。如果以与美和解来破解中国僵局的路行不通，那么显然，余下的唯一选择就是和中国直接交涉。交涉的方式多种多样，当时总共尝试了四种，但未取得显著成效。

一个选择是调整战略。它要求减少日本陆军在中国的兵力（1939 年年底为 85 万人）。中国的兵力远超日本，仅在武汉地区就达 100 万人以上。在东京大本营看来，日本根本无法在备战苏联的同时在中国进行大规模战争。诚然，如上所述，一些陆军军官已开始主张同苏联和解。但这未被接受为一项国策，1940 年年初，假想中的对苏战争仍然是日本战略的主要预设。由于这个原因，东京同意，未来在中国的军事行动应局限于几个关键地区，以将日本的资源为可能爆发的对苏冲突筹措妥当。按照参谋本部的计算，新计划要求在华日本陆军的规模在 1941 年中期缩减为 50 万人，并集中于上海—南京—汉口三角地区，以及华北和内蒙古。这意味着从武汉和广州地区撤军。

参谋本部刚一采纳在中国减少投入的战略，就激起大陆上日本陆军的强烈反对。他们同意他们东京上级的看法，即对华战争应快快结束，但坚称要达此目的，唯有增加而非缩小战斗部队的规模。在华日军认为，一旦日本赢得决定性胜利，就可减少部队的数量，而要夺取胜利，就要增派师团。这个主张背后的思维，自 1937 年以来导致了在华冲突的升级，却没有取得任何决定性成果。但一如既往，大本营迁就了战地指挥官的请求，同意再从日本和中国东北各派两个师团前往战区。统帅部希望，陆军得到补强后，将在秋天和中国一战决胜并赢得胜利，之后兵力水平将会降低，或可减为 70 万。这个计划不过是承认了在中国陷入僵局，因为没有任何现实的理由可以让人相信，现在比 1939 年以前更加胜利在望。事实上，增兵事件迫使日本的战略制订者们认识到，在试图解决对华战争的同时准备和苏联打仗，这几乎是不可能的。这个想法很快就有力支持了亲苏战略赞成者们的主张，即实现日本政策的重大转向。

与此同时，日本在 1940 年初还实施了两项策略，两者都是政治性而非军事性的。一是落实"汪精卫工作"，让汪精卫在南京成立新"政府"。上文提到，汪精卫在 1938 年年底秘密离开重庆前往河内，在那里和日本官员展开谈判，以体面结束战争。他还企图说服其他中国的领导者们和他一道努力，但却彻底失败了。只有为数不多的几个亲信愿意追随他，而重庆的国民党政权仍坚决反对和日本达成任何妥协。此外，国内的各种组织和海外的华人团体对汪精卫的阴谋反应强烈，称其为叛徒、疯子，甚至用了更难听的字眼。[1] 他被开除出党，烙上国家公敌的骂名。因此，和日本人谈判的时候，他仅仅代表他自己——一个中国的罪人。

91

---

[1] *Chung - hua Min - kuo*, 6. 3：55 - 62.

然而，汪精卫和他的一小伙追随者们还是相信，为了让中国少流血，他们所做的是正确的。鉴于日本压倒性的力量，他们推断，缓解其冲击的唯一方法，就是停止战争，致力于经济和政治重建。否则，争斗下去只会导致共产主义和苏联影响力的蔓延。正如他对一群自诩为中国国民党人的追随者所言，中国正面临沦为苏联之一省的危险；共产党为之而战的不是中国，而是苏联。要不是共产党的反对，和日本的战争早就结束了。但中国共产党是听莫斯科发号施令的，他们从不为中国着想。1939 年 8 月，汪精卫将纳粹—苏联互不侵犯条约指为苏联两面三刀、不可信任的例证。他还指出，一度按莫斯科的口径痛斥德国的中共，现在又开始称颂德国。正是这种对苏联的依顺，促使他和他的同志们竭力要国人们醒悟到屈服于苏联势力的危险，并和日本谈判以结束战争。①

不幸的是，他和日本官员的谈判很不如意。除了在 1940 年年初将其带至南京，日本拒绝对他做出重大让步，这使他的希望——"和平促成反共建国之局"——受到了打击。在 3 月 30 日就任"重组政府"的"代总统"之前，他和"华北政务委员会"——在北平建立的日本控制下的分裂政权——的官员举行会谈。北平和南京的政权怎样合并尚不清楚，但普遍达成一致的是，"中央政府"将在南京成立，承诺遵守中国主权、独立、经济发展、反共和亚洲的永久和平诸项原则。它还将和日本同心协力，在东亚共建新秩序。② 这些思想被说成是

① *Chung-hua*, *Min-kuo*, 6.3：157 – 8.

② *Chung-hua*, *Min-kuo*, 6.3：163 – 83.

对孙中山的根本原则的肯定，因此，新"中央政府"的创建意味着国民党政府自重庆还都南京；换言之，重组的政权将成为"合法"的"国民政府"，而蒋介石的重庆政权则是"伪"政权，还在顽守抗日容共的政策。作为孙中山的真正继承者，会集南京的领导者们将和日本合作，以推进重建国家之大业。汪氏政权成立时，汪精卫老调重弹，说他所为之奋斗的，是给中国带来和平，使之成为独立国家。他宣称，"在能履行善邻友好、共同防共及经济提携诸原则，进而肩负建立东亚新秩序之责前，中国必须维护主权独立和国家自由"。[①]

在战争的背景下，这个声明听起来空洞不实；日本尚有85万军队驻扎在中国的土地上，此时来谈中国的独立，真是荒谬绝伦。当然，汪精卫设想，大部分日本军队迟早会撤走，而中国政府将本着中日提携之精神委以他重任。他对此执迷不悟，直到1944年死去。悲剧在于，对日本陆军而言，他甚至连个侵略的工具都算不上。他不过是个策略上的权宜，一朝想到更好的选择，即可弃之不顾。

东京没有立即承认汪精卫政权，没有什么比此事更好地显露了日本人的利己主义。尽管在南京成立一个国民党"合法政府"的仪式弄得铺张夸炫，但日本的主要用意，是将此事当作接触重庆的杠杆，想看看后者如今是否更有意愿谈判谋和。于是，在做出其他三个决定——减少在华兵力，最后一次增兵，以及成立汪精卫"政府"——的同时，日本还和一个自称宋子文之弟（也即蒋介石的妻弟）的中国人开始了一系

① John Hunter Boyle, *China and Japan at War, 1937–1945: The Politics of Collaboration* (Stanford 1972), p. 294.

列秘密会谈。① 这根救命的稻草给人很多启示。第一，它表明，对自己单凭军事努力结束战争的能力，日本陆军正变得何等悲观。第二，它揭示了许多代表日本陆军的个人和机构的存在，它们服务于相反的目标。例如，秘密会谈的启动，是缘于日本陆军的一名下级情报官偶遇自称宋子文弟弟的人。第三，此事还意味着中国人和日本人有各个层次上的往来，不仅是汪精卫和一些亲日派别，其他许多团体也愿意和日本人谈判。最重要的是，夭折的谈判表明，重庆擅长欺敌之计。战后发现的证据证实，重庆的最高层知晓秘密谈判，进行谈判是为了挫败"汪精卫工作"，迷惑日本人。宋子文之弟乃他人冒名顶替，但却是奉了蒋介石的命令。因此，谈判注定是失败的。但由此事可见，日本缺乏前后一贯的战略：只要不从华北和东北耻辱地撤军，任何减轻日本资源负担的事都可以做。②

　　从两地撤军正是国民党坚持的议和条件。对蒋介石及其幕僚而言，只要能争取时间，不妨让日本人燃起停战的希望。谈判拖得越久，美援抵达重庆的机会就越大。同样，如果能令美国人深感提供更大量援助的紧迫性，和日本人坐下谈谈大概也

93

---

① 1939 年秋，欲唯恃武力压服中国，日本已感不胜重荷，遂在 1940 年行政治诱降之策，这就是作者所言之秘密谈判发生的背景。和"宋子文之弟"的谈判，即日本企图诱降重庆的"桐工作"。冒充宋子文之弟宋子良的人，是"蓝衣社"特务曾广。据近代史学者杨天石先生考证，"曾广"亦为假名，其本名乃曾政忠。另据杨先生考证，蒋介石虽知与日密谈一事，但并不深悉其细节，令人冒充宋子良非其授意，乃军统特务们私作主张。此外，按杨先生的说法，谈判始于身份是香港大学教授的张治平的接洽，和本书作者所说不同。有关"桐工作"的详细考辨，见杨天石《"桐工作"辨析——抗战时期中日关系再研究之三》，《抗战与战后中国》，中国人民大学出版社，2007。——译者注

② Boyle, *China and Japan*, pp. 290 – 1.

无坏处。说到底，不管怎样，重庆的领导层是乐见美日关系愈益紧张的，并指靠前者对全球现状做出的承诺。苏联的援助不再万无一失，但美国终于好像有意取代苏联，成为卫护中国的主要外部大国。在这种情况下，国民党自然可对华北和"满洲"问题持强硬立场。和日本达成的任何协议都必须包括中国领土完整的原则；独立的"满洲国"必须取缔。至多，中国人也许愿意容忍一个半自治，而非独立的"满洲"。

不过，在日本看来，"满洲"和华北是问题的症结所在。他们准备从中国本部收缩，将力量集中在可能发生的对苏战争上，如果战争爆发，则"满洲"的战略意义至关重要。更加重要的是，对此地区的牢固控制，是自给自足计划不可或缺的内容。1940 年的头几个月里，人们已看到了欧洲形势对来自欧洲的物资供应的影响，尤其是来自德国的机床和工业机械的供应，已因战争而停止。这正使日本经济比以往更加依赖美国。① 此外，如果日本丧失对华北和"满洲"的资源的控制，它将回到 1931 年之前的状态。这是不可想象的，于是，米内内阁发现，当欲引领日本的政策远离潜在的危险时，自己却面临多方掣肘。

形势对日本来说越不稳定，在华盛顿和伦敦看来就越有利。的确，那里的官员们还在观望"虚假战争"能否无限期地延续下去，避免爆发为全面战争。人们心中还有一丝残存的希望，即惨烈的战争能够推迟，即便不能完全避免，罗斯福将副国务卿萨姆纳·威尔斯派往罗马、柏林、巴黎和伦敦，就最

---

① Ishikawa Junkichi, *Kokka sodoin – shi* (History of National Mobilization; Tokyo 1978), 7: 1280 – 4.

好地体现了这一点。总统授权威尔斯在"裁军和开放贸易"的基础上议谈和平，这是个两次战争之间的国际主义方案。[1] 这次出使表明，对美国而言，恢复世界稳定必须以此为本。用政策的话语说，它意味着美国执着于恢复早已逝去的状态。这对亚洲和欧洲同样适用。这就无怪乎美国政府对号称更有合作态度的米内内阁的成立不大感兴趣了。通商条约在1月底废除后，美日间的贸易是便宜行事，不再有法律机制保护各自的权益。这种不确定的状态对美国的政策有利，因其让日本持续感受到了改善行为的压力。

　　日本政府倒是愿意那么做，但如果不按中国的条件结束战争，它能做什么来取悦美国人？而且，东京自相矛盾的对华战略只是惹恼了美国官员，使他们无法相信日本的诚意。尤其是，在美国看来，"汪精卫工作"是最后一根救命的稻草。由于对保存国民党重庆政权有承诺，华盛顿不理会新的"南京政府"，认为它不过是日本人为了实现在战场上无法达成的目的所做的垂死挣扎。"汪精卫工作"的所作所为，只是更加坚定了美国援助蒋介石军队的决心。

　　英国是这项政策的参与者，但已居于较次要的地位，因为它自顾不暇。张伯伦内阁没有预想和德国正面交锋，但在暮冬，乐观情绪逐渐消退，皇家海军采取了在挪威海岸布雷等行动，以防备德国的进攻。同时，英国不得不听从美国，牵头制定一项亚洲战略。英国实在没有足够的舰只调往亚洲，也无法在没有美国帮助的情况下捍卫自己的帝国地位。的确，两国海军大致还停留在协调它们亚太战略的初步阶段。例如，美国官

94

---

① Dallek, *Roosevelt*, p. 216.

员不愿与英国同行分享有关日本电码加密的秘密；这些电码将被适时破译，向美国政府提供宝贵的情报。英国也没有将其海战方面的所有技术创新都透露给美国人。[①] 不过，和两年前英格索尔出使时相比，两国海军军官现在就欧洲形势及其对亚洲的影响，有了更为广泛和频繁的交流。此外，在中国问题上，两国政府保持基本一致，并经常重申它们对九国公约的遵守。当副国务卿威尔斯 3 月在伦敦时，它们确认了这一立场，并告诉中国大使，美国和英国在亚洲奉行同样的政策。[②] 汪氏政权在南京成立后，美英均立即声明，它们一如既往地承认重庆为中国人民的唯一合法代表。

95

就这样，日本在 1940 年年初的各种策略都不灵光，反而愈发疏远了列强。倘若欧洲的僵局持续下去，则东京领导层或许会被迫对对华政策做出更大幅度的调整。不过，欧洲的事件再次影响了事态发展，使欧亚两地的国际局势有了更为直接的联系。

德国的春季攻势

1940 年 4 月，德国军队开始向民主欧洲施行闪电战，"虚假战争"遽然终止：先是挪威和丹麦，随后是荷兰和比利时，最后是法国。两月之间，这些国家全部陷落。除了瑞典、瑞士和西班牙等中立国，只有英国还保持自由。

希特勒的攻势是一次精心算计的赌博。他没有放弃毁灭东部斯拉夫国家的终极目标，但为了做好这场斗争的准备，他企

---

① James R. Leutze, *Bargaining for Supremacy: Anglo - American Naval Collaboration*, *1937 - 1941* (Chapel Hill 1977), p. 65.

② *Chung - hua Min - kuo*, 6. 3: 199 - 202.

图先征服欧洲的其余部分。他判断，斯堪的纳维亚、低地国家和法国的失陷，将使英国人的士气受到重挫，以至于他们将决定放弃抵抗，并与他"合作"去完成和苏联人斗争这一至高无上的使命。如果他们拒绝，德国将不得不对皇家海军动武并轰炸英国城市，促其投降。除非得到来自大西洋彼岸的大量援助，否则英国人必降。为此，不让美国介入战争十分重要，德国人认为，保证这点的最好办法，就是德国决不挑衅美国。希特勒愿向美国人民担保，他对他们心无芥蒂，即使战争在欧洲肆虐，两国仍能相安无事。为在美国煽动和平主义或至少是不干涉主义的情绪，希特勒利用美国的亲德团体四处宣传。

与此同时，苏联也没闲着。苏联在 1939 年秋天已兼并了拉脱维亚和爱沙尼亚，并入侵了芬兰和波兰，如今它乘德国在西欧连战连捷的时机，吞并了立陶宛，侵略了比萨拉比亚（就在德国春季攻势开始前，苏联和芬兰签署了停战协议，协议规定将卡累利阿地峡割让给苏联）。正当希特勒的部队向西进军时，有人预计斯大林的军队将亲手攫取罗马尼亚和达达尼尔海峡。于是，苏联的自我扩张堪比德国，世界上的其他国家目睹这一切，茫然无措。

显然，1940 年春的大问号是英国。面对德国的猛攻，它是屹立不倒还是屈膝乞降，这不仅将决定战争的结局，还将决定德苏关系的未来。丘吉尔领导的内阁受到举国推戴，就在德国军队开始进攻低地国家那天成立（5 月 10 日），表明英国人绝不低头。新任首相重申，他的人民宁肯奋战至死，也不愿看到国家落入希特勒的代理人手中。但丘吉尔坚信，只有美国——如果它自己不参战的话——同意给予大规模援助，英国才能生存下来。从此，缔造两个英语国家之间更牢靠的同盟，成为丘吉尔的根本战略目标。

他发现罗斯福总统和他心意相通。他们通过信函、电报或电话的秘密通讯数以百计，记录下两国甚至在双双卷入战争前就进行紧密合作的罕见范例。对罗斯福而言，对德宣战不在考虑之列。不仅公众舆论会反应消极，而且美国自身的防卫能力也尚不充分。1940 年春的头等要事是加强防务，然后向英国提供"多余"的武器。不过，罗斯福毫不怀疑，美国将逐步地卷进战争。的确，法国沦亡后，罗斯福的一些顾问警告他说，美国对英国的援助有可能打水漂，更糟的是，如果德军占领不列颠群岛，援助还可能为敌所用。但罗斯福决心让美英命运与共。正如 6 月 10 日他在弗吉尼亚大学毕业典礼上的演说中宣称，美国无法"在一个暴力横行的世界中安为孤岛"。全世界休戚相关，美国必须向那些抗击"暴力与憎恨之神"（gods of force and hate）的人们伸出援手。

这些言论表明了一种自我意识，即美国肩负身为民主大国的责任，是人类自由的最后希望。当各国都在为生存而战，将军事防御和战略置于首位时，罗斯福认为，即使武装起来，像美国这样的国家仍然能够坚守自己的民主传统。他说，他不认为，"只有抛弃我们的自由，我们的理想，我们的生活方式，我们才能建立完备的防御，才能和侵略者们较量"。这番话，他是说给国内外对美国备战的批评者们听的，特别是孤立主义者与和平主义者，尽管 1940 年春后他们的人数有所下降，但他们仍然大声嚷嚷，认为打仗的民主国家是一种语义矛盾。这种悲观主义不仅受到罗斯福政府，还受到商界、学界和新闻界巨头的抨击。例如，6 月初，亨利·卢斯在《生活》周刊中写道，要是英国和法国都亡了，"我们知道，我们，在大国中也仅剩我们在全世界捍卫民主的信念"。美国必须准备好"以暴制暴"。神学家莱因霍尔德·尼布尔以其《基督教与世界政治》一书加入了争论，此书雄辩地阐明，在一个被极权主义独裁政权主宰的世界里，和平主义不堪一击，基督教的天职要求挺身而出，哪怕诉诸战争也在所不惜。[1] 由美国是民主的最后堡垒这个正四处传扬的看法，可知援助英国是美国人民必须担当的责任。当然，他们此时不会赞同参战。但他们中有越来越多的人追随政府的政策，即尽一切可能帮助英国。在法国败亡后的惨淡时日里，罗斯福和他的顾问们开始为此制订具体方案。任命亲英的共和党人亨利·史汀生和弗兰克·诺克斯为陆军部长和海军部长，意味着在这项任务中，罗斯福的顾问团将更加得力。

　　援助英国不可避免地要虑及大英帝国和英联邦的命运，其疆域从非洲向远铺开，经中东，一直通往东亚和大洋洲。由于其战略位置和日本人觊觎的丰富矿产，澳大利亚、新加坡、香港和缅甸的防御尤其重要。在华盛顿和伦敦，人们普遍担心，日本欲乘德国胜利之机，向东南亚和西南太平洋渗透，如有可能则外交施压，但若有必要就武力强取。如果此地区或哪怕其中一部分被日本控制，则西太平洋将成日本之内湖，英联邦和母国之联系将被切断。那里的人力和资源将不再登抵不列颠群岛，诸岛的防御将更形困难。还有，英国将不得不移调资源以防守之，要么就全力迎战德国，放弃亚洲和太平洋。

　　这里，亚太地区的命运再一次操于美国之手。这不再是个维持现状的问题。这更是美国是否介入以阻止日本夺占此地，或日本能否在美国先发制人前得手的问题。两个已在中国问题

---

① 　Dallek, *Roosevelt*, pp. 224, 228; Life, 3 June 1940.

上分歧严重的国家，将为控制东南亚和西南太平洋而斗争。要么
两国就达成默契，同意共管太平洋，这个想法回到了东京 1934 年
的建议，但除非万不得已，否则华盛顿不会考虑走这一步棋。

不过，暂时来说，美国的政策不会超越早前的威慑战略。
罗斯福总统显然不想日本向东南亚渗透，但他还不准备让美国
军队积极介入此地区，那必将引发和日本的战争。打这一仗为
时尚早，还会挪调用于大西洋的资源。因此，他考虑，最好的
战略是设法阻止日本向南扩张。1940 年春，可供他利用的最
显见手段，就是让美国舰队主力待在夏威夷水域。正常情况
下，大部分舰船是部署于西海岸的，在它们结束了夏威夷附近
的年度演习后，罗斯福决定令其留在中太平洋，而非返回原基
地。他想，这样将给日本人一个信号，即美国决不让他们在亚
洲轻举妄动。但是，他不打算超过这个界限。例如，美国不会
正式实施经济制裁，航空汽油将继续运往日本，贸易被允许在
甚至没有正式通商条约的情况下进行。换言之，在 1940 年夏
季之前，美国政策的聚焦点，是阻止日本乘欧战之利，在亚太
地区扩张势力范围。

这个战略，只是一次有意为之的恫吓，下面将看到，它没
有奏效。同时，美国政府小心翼翼地避免得罪苏联。对苏政策
是一个极其敏感的话题。苏联在 1939 年年底入侵芬兰时，人
们惧怕德苏一起瓜分欧洲，美国人对后者的观感跌到了最低
点，也许比对德国的还低（《纽约时报》的一篇社论嘲讽道，
"芬兰的劳工们，联合起来：你们没有什么可埋葬的，除了你
们当中的死者"）。① 不过，在 1940 年春，公开批评苏联的声

---

① *New York Times*, 1 Dec. 1939.

音小了许多。事实上，对苏联夺取比萨拉比亚，或谣传中苏联要征服罗马尼亚和巴尔干其他地区的计划，美国媒体一般都保持了克制，未予非议。引起这一变化的原因，显然是人们认识到苏联力量的增长将抑制德国，并且如《纽约时报》所预计的，到头来将对英国有利。[①]这里的关键概念是权力，而非意识形态。美国官员和美国媒体一样，都领教过一位记者所说的"布尔什维克帝国主义"，它似乎将苏联变成了一个罔顾自身意识形态倾向而玩弄权力政治的国家。从政治或意识形态的立场出发考虑和这样的国家合作，是很困难的事情，而且显然，苏联无法适应为了民主的生存而进行全球斗争这一正在形成的理念。但至少，它的力量可借助为拯救英国和其他民主国家的手段。职是之故，对苏联扮演决定欧洲命运的关键角色的可能，华盛顿极感兴趣。这暗示着，罗斯福总统也开始意识到苏联对维持亚太地区均势的潜在作用。尽管短期内这个想法不会产生什么结果，但至少应注意的是，美国人开始认为，苏联因素和亚洲及欧洲的未来是息息相关的。就此而言，防止日本向苏联发起进攻，或阻止二者结成亲密关系，将变得十分重要。美国应尽最大努力避免和苏联的矛盾，并在不放任的前提下，乐见其力量的增长。

　　在苏联也一样，没人想和美国闹出不必要的麻烦。和过去一样，斯大林和红军忧心的是同德日两线作战。通过理查德·佐尔格领导的在日间谍网，莫斯科逐渐获悉 1940 年春夏两季为德日结盟进行的活动，这些活动如果成功，两线作战的可能必将大增。莫斯科必须决定如何最好地避免。一个办法是鼓励

99

①　New York Times, 28 June 1940.

日苏谅解的想法，在苏联备战潜在的对德冲突的同时，至少确保北亚无战事。外交部长 V. M. 莫洛托夫频繁地召见东乡大使，谈起两国修好这个颇难启齿的想法。但对东京过分亲热的姿态，有可能进一步得罪美国。从莫斯科的角度看，东京和华盛顿之间紧张关系的任何一丝加剧都是值得欢迎的，因为这将使日本人忙于应付可能爆发的对美冲突并离开北方，但若苏联怂恿日本往南扩张的举动太过招摇，就会引起美国的敌视。所以最好在和日本保持较好关系的同时，不给人造成两国串通一气反对美国的印象。正如美国需要保有苏联的善意，后者也必须留意同前者合力应对共同危险的可能。两国的潜在力量如此巨大，以至于一旦联手，将在未来数月之间给世界形势带来重大变化。华盛顿和莫斯科都清楚这一点。这无关意识形态与原则，这更是一个生存问题。

正当英国、法国、美国和苏联正苦思在亚太地区的下一步行动时，日本领导层第一次毫不迟疑地利用了欧洲的事态变化。因在中国没完没了的战争所生的彷徨和挫败感，现在让位于一种乐观的情绪，即在亚太地区放胆施展日本的力量，以创建日本控制下的庞大亚洲国家集团为目标的时机到了。5月底，米内内阁为此采取首步行动，向巴达维亚①的荷兰当局施压，要其保证向日本供应指定数量的锡、橡胶、原油和其他来自东印度群岛的物资。显然，这将使日本减小对美国和英联邦的依赖。很清楚的是，美国舰队在夏威夷的存在没阻止日本的行动。当然，日本此时尚无强行进入荷属东印度的计划。相反，东京坚持要维持荷兰殖民地的现状，害怕美国和英国的军

① 巴达维亚即今日的雅加达。——译者注

队会在德国打下荷兰后占领东印度群岛。如果日本能通过谈判从东印度群岛获得一定数量的关键物资，它就能避免和英美的摩擦，暂时达到自己的目的。

下一步行动是利用德国节节胜利的机会结束在中国的战事。米内内阁认为法国和英国在亚洲是无能为力的，遂在6月要求两国停止经由印度支那和缅甸向重庆输送援助物资。运输量已缩为涓滴细流，但日本人决心逼使法英分别关闭印支边境和缅甸公路①，将之彻底掐断。值得注意的是，采取这些高压政策的，是有温和之名的米内内阁。为解决对华战争并确保日本获得必要原料的供应，米内和有田外相都不惮使用这种手段。这表明他们确信，亚洲国际关系的旧秩序已不能复生，日本必须主动出击，建立新秩序。

当时，美国是唯一能阻止日本图谋的大国，这已是不言自明。英法都把目光转向华盛顿，想知道后者是否有意制止日本在印度支那和缅甸对它们指手画脚。欧洲国家想要的是美国的具体承诺，比如派遣美国舰队向西深入至新加坡，或对日本实施经济制裁。这令美国政府进退维谷。它完全同意法英的看法，即只有美国能阻挡日本进军东南亚。但罗斯福政府不愿在欧洲形势如此黯淡的时节，去冒刺激日本的风险。② 这并不意味着美国会纵容日本的行为，也不是说要鼓动欧洲政府暂时和东京妥协，以稳住日本，避免亚洲的冲突。反之，美国政府将坚守立场，让舰队驻兵夏威夷，并观望此举能否最终约束日本。同时，它不会在亚洲援助法英。欧洲列强无奈，只得接受

---

① 即滇缅公路。——译者注

② Dallek, *Roosevelt*, p. 237; Jonathan G. Utley, *Going to War with Japan, 1937 - 1941* (Knoxville 1985), p. 93.

101　日本的要求。结果，H. P. 贝当元帅领导下的法国政府——恰巧是在德法 6 月 21 日停战前成立——同意关闭印度支那通往中国的道路，并让一个日本观察团进驻边境地区。丘吉尔内阁则做出决定，默许缅甸公路自 1940 年 7 月始封路三个月。

　　对西方来说，这些可谓耻辱的重挫；亚历山大·贾德干，伦敦的外交部常任次官，称关闭缅甸公路是"我们在远东的屈服"。他曾反对向日本的要求让步，认为英国甚至值得为此冒开战的风险，否则"美国将放弃我们，后果无可挽回，不仅在太平洋，也在这一头"。① 后事证明，唱此悲调为时尚早。尽管其威慑战略未能阻止日本在东南亚的行动，但美国拒绝接受新的事态变化，视之为暂时的挫折，待其武备完足，即可扭转局面。欧洲和亚洲的形势越是显得黑暗，罗斯福和他的幕僚们就越有决心，要向英国提供比迄今考虑过的都更有决定性和实质性的援助。"驱逐舰法案"要求将约 50 艘美国驱逐舰转交英国，以换取对加勒比海英国海军基地的使用权，这不过是形成事实上的英美同盟的头一大步。对于亚洲，这唯有一种含义：美国将继续抵制日本在中国和东南亚的行动。唯一的问题是，这种抵制将以何种形式体现。美国的军事干预将在哪一刻发生？换言之，发箭离弦的临界点是什么？要是日本欲控制整个印度支那，甚或马来西亚和荷属东印度等周边地区，是否须以武力制止？什么手段才能最有效地阻止日本变本加厉的侵略行为？美国能否继续指望中国人在亚洲大陆牵制日本军队？美国应如何在战略筹谋中掂量苏联因素？这些都是急需回答的重

---

① *The Diaries of Sir Alexander Codogan*, *1938 – 1945*, David Dilks（ed.）（New York 1972），pp. 310，314.

大问题，但由于欧战形势的迅急变化，它们很难说清。但不管这些问题如何回答，有一点是完全清楚的：美国将反对日本以新秩序之名支配中国和亚洲的其他地区。除非日本重拾华盛顿体系的精神，否则绝不会有美日和解。当然，讽刺的是，为了重建华盛顿体系，美国自身不得不深深卷入亚洲事务，结果其间极大改变了华盛顿体系。

　　日本人懂得同样的逻辑，并打算阻止美国插手亚洲。怎样做到这一点？1940 年春的军演和战略计划表明，东京的军事首脑们有两个互相关联的设想。一是短期计划，即准备迅速远征荷属东印度，尤其是婆罗洲①和西里伯斯②，让美英来不及干预，从而制造既成事实。陆军部和参谋本部在 5 月底召开的一次参谋会议，据说首次讨论了针对东印度群岛的作战计划。西浦进中佐起草的 6 月 18 日的作战计划认为，必须在印度支那和泰国建立空军基地，然后闪击荷属东印度。二是日本应同时考虑一项长期计划，以备英美驰援荷兰。日军预计，英美迟早会动用武力将日本逐离支配的地位，因此必须制订应急的作战计划。一个关键问题是能否分离英美两强。西浦计划认为有希望。计划指出，如果存在英国阻挠的可能，日本务必进攻新加坡。但不要碰菲律宾，除非无法分离英美。③ 到 7 月初，随着德国攻入英国指日可待，日本的战略家们相信，作为"南方作战"的一部分，在亚洲为大英帝国画上句号不会太困难。一份在 7 月 3 日通过的陆军政策声明，提到将香港和马来西亚

102

---

① 即印度尼西亚的加里曼丹岛。——译者注
② 即印度尼西亚的苏拉威西岛。——译者注
③ Defence Agency, War History Division (ed.), *Daihonei rikugunbu* (The Army Supreme Command; Tokyo 1968), 2: 42, 48.

作为可能的目标。至于美国，声明指出，"应尽量避免和美国开战""尽管必须着手为预期发生的军事冲突做好战备"。①

与此同时，最好通过互不侵犯条约重新调整日本和苏联的关系。陆军对这条路线特别感兴趣，但由于有田外相担心这会使日本面对英美时的处境更加恶化，东京的文武官员得出结论认为，最佳的替代选项是日苏间的中立条约。这项安排将保证若前者和英美交战，则后者持守中立，同时将结束苏联对中国的援助。日本的建议明摆着是为自己打算，但彼时莫斯科对此表示欢迎，因为在德国的战略和英美的政策前景难测之时，它正竭力避免在北亚出现严重危机。然而，在完成中立条约谈判前，米内内阁被近卫文麿内阁取代。不过，值得注意的关键一点是，它并未在第二届近卫政府成立之际将日本的战略由北（苏联）转南。根据一位陆军发言人在 7 月 4 日陆海军联席会议上的解释，日本不能两线作战，尤其是在对华战争尚无望结束的时候。在执行南方作战的同时，战术上必须保持日苏关系的稳定。为了证明战略转向的正确，陆军争辩道，建立经济上的自给自足区，对国家而言刻不容缓，势在必行；这是因为德国和意大利正在欧洲和非洲建立它们自己的阵营，而英美可能紧随其后，建立一个连接西半球、南太平洋、澳大利亚和印度的庞大南方阵营。要是此事成真，日本将不复有实现自给自足的机会，反而要在经济上永远仰美国和英国的鼻息。一位陆军发言人宣称，"我们的目标，是结束 70 年来对英美在商业和经济上的依赖"。②

---

① Ibid. , 2：49 – 50.

② *Daihonei rikugunbu*，2：51 – 3.

正是在这个背景下，日德结盟的想法在 1940 年春夏两季再度提出。其赞成者在陆海军中均有所增加；被欧洲战争冲昏了头脑的外交官、新闻记者和知识分子也加入了他们的行列。由于日本已被漫长无果的对华战争弄得沮丧万分，德国在欧洲取得的胜利，仿佛正是日本一直以来翘首以盼的。与德结盟的支持者认定米内内阁对此设想缺乏热忱，扬言要以更合胃口的内阁取而代之。这个批评有失公允，因为米内及其外相有田已乘欧战之机在印度支那、缅甸与荷属东印度展开行动。但到目前为止，他们拿不准让日本和德国结成军事同盟是否明智，这一犹豫使米内付出了内阁倒台的代价。陆军决心倒阁，命陆相畑俊六将军辞职，这是陆军表达对现任政府不满的惯用伎俩。由于不能继续履责，米内在 7 月 16 日辞职。

国内新秩序

陆军 7 月 13 日的备忘录提到 "在国内建立强固政治体制" 的必要性。在要求制订南进战略的同一份文件中包含了这种说法，这绝非偶然。南进战略和建立国内新秩序所表达的，都是使日本摆脱英美影响的决心。在亚太地区开辟经济自给区之际，日本也要消灭英美民主和自由主义的残余，代之以和对外任务更相称的体制。简言之，在国外推行的帝国主义将和在国内实施的法西斯主义互为表里。日本的战略家和知识分子们对这种想法沉迷已久，但从未想象一朝实行。现在，头一次，机会似乎从天而降——这又是多亏德国的胜利。也就是说，对内对外，日本都要仿效德国。

豪言壮语说了很多，身为国内新体制的领袖，近卫文麿受到万众瞩目。在 1938 年任首相时，他就谈起过需要一场新的政治运动，但没有具体落实，在其任期内，日本政治没有发生重大变化。不过现在，近卫被看成继续这场斗争的合乎逻辑的人选。他自己的想法相当暧昧，但他接受流行的看法，认为现存的政党都是苟活的朽物，国家需要新的体制以充分调动资源，免于山头林立、党派相争的妨害和干扰。① 就此而论，近卫成了一个象征人物，陆军在海军支持下欲用之于外的，他将施之于内。于内于外，日本都自命为全新秩序的化身，不受盎格鲁—美利坚主义（Anglo - Americanism）的败坏。

7 月 22 日，第二届近卫内阁成立，日本开始公开对抗英美的影响。日本的领导层自认为机遇就在眼前，要勇敢把握，否则，它担心日本将永远无法成就它梦寐以求的地位。日本对国内外新秩序的刻意拥护有几个方面，值得一一考察。首先，根据东京帝国大学政治科学教授和近卫亲信矢部贞治的说法，近卫对天皇心怀不满，因为天皇墨守"过时的自由主义"，除了同美英合作，在外交上没有新理念。而他，近卫，要有所不同，因为他相信世事无常，日本必须根据变化中的环境调整政治和政策。他甚至认为，为了使国家能对国民经济施以更大程度的管控，明治宪法本身就需要修正。陆海军勾心斗角祸害日本的决策，他也考虑到了避免这点的重要性。他想要政府对军事有更强的控制力，结束最高统帅权独立的传统，他确信，这种传统已给日本的内政外交造成了不可弥补的伤害。② 他没有冷静下来想一想，制衡军部的权力，或者更充分调动国家资源的最好办法，也许就是回归和重申民主的价值，正如英国人和

---

① Yabe Teiji, *Konoe Fumimaro*（Tokyo 1952），2：97 - 107. 又见 Gordon Berger, *Parties out of Power in Japan*, *1931 - 41*（Princeton 1977）。

② Yabe, *Konoe*, 2：106.

美国人所为。由于伦敦和华盛顿政府到 1940 年已重振对民主、自由主义和资本主义的信心，近卫的任职使双方的意识形态对立不可避免地变得更加尖锐。

但是，这不意味着近卫对法西斯主义或纳粹主义，更不必说对共产主义感到热衷，奉之为自由民主之外的可行选择。这是他的问题。尽管反对盎格鲁—美利坚主义，但他对其他替代选项也不满意。职是之故，他对英美体制的排斥较为温和，不似德国或苏联那般剧烈。当然，对经济问题，近卫的信念比较坚定。和当时的许多日本领导人一样，他相信自由资本主义体系只会加剧日本对英美操控的国际经济的依赖，而且，不说其他，单单对华战争的需要，就使政府必须加强控制，以调度国家资源。这并非新颖之见，但近卫想把它和建立经济自给的亚洲集团的明确诉求联系起来。理论上，这一集团能使日本不再依赖英美的资源、市场、资本和技术，从而颠覆了延续 70 年之久的模式。但如何做到？比如，在 1939 年，日本的钢铁产量远低于预期水平——举例来说，常规钢材和生铁产量只有预期的 85%，结果不得不以进口补缺。[①] 向南进击需要更多的钢铁和其他原料，这些从哪里来？显然，可望在东南亚掠得战利品，但日本能在执行南进战略的同时，避免和英美打一场代价惨重的战争吗？近卫心中无数，但还是坚信若日本真要在亚洲建立新的经济秩序，就必须准备与美国斗——要是后者武力干涉的话。

近卫反盎格鲁—美利坚主义的第三个要素，是对日中关系的一种极其幼稚的看法。他相信中国人和日本一样，对英美的

---

① *Gendaishi*, 43：240 - 2.

霸权心怀怨愤，如果日本人表示出足够的善意与和解精神，中国人就会和日本人共建新亚洲。他甚至感到，即使是重庆，内心深处也是反英美的，所以说服国民党领导层放弃抗日，与日合作实现亚洲新秩序之梦，应该难度不大。很难理解为何近卫及其拥护者如此昧于中国人抗日情感的现实，但这再一次反映出他们对反英美体系的痴迷。由于这个体系要在亚洲建立，又由于中国是亚洲国家，因此中国会和日本合作。所谓的亲日南京政权的黯淡开局，应该已经表明事实远非如此，但近卫心里不是只有南京。其实，只要重庆表现得乖顺一些，他情愿牺牲掉汪精卫"政府"——这再度显示了他的左右摇摆和一厢情愿。

最后，和这种一厢情愿相关的，是近卫对与德结盟和与苏谅解的迷恋。他相信两强是根本反对英美的民主、资本主义和国际主义的，因此日本应与之携手并肩，彻底推翻英美的世界霸权。上文提到，纳粹—苏联互不侵犯条约签订时，这些想法已开始吸引某些日本官员，但现在近卫要使之成为自己外交政策的基础。由于近卫在1941年和1945年都表达过对共产主义的忧惧，他在1940年竟如此轻易地受到结伙苏联及德意的诱惑，实在是令人惊讶。他之所以这么做，似乎只是因为他坚信自己多年来的言论，即日本将在亚洲缔造的新秩序的目标，必须是构建不以英美的利益和理念为依归的国际关系体系。其间，即使是苏联的共产主义，也能提供助力。虽然日苏或许终有一战，但眼前最急迫之事，是将英美的势力逐出亚洲。

尽管1937年至1939年任首相期间，近卫不能力行他的亚洲新秩序理念，但这一次他感到国内外形势已大有改观。他选任松冈洋佑为外相，表明他有信心继续未竟的计划。松冈曾任外交官和南满铁路总裁，以肆无忌惮地鼓吹修正主义名噪一时。他曾大骂华盛顿会议体系是"富有国家"说了算的和平，并公开表示和美国的冲突不可避免，除非后者承认日本在中国的既得利益。他在1940年5月发表的一篇文章中写道，美国和日本是太平洋地区的两大头号强国，因此它们的冲撞是"历史的必然"。免于冲撞的唯一方法，是两国尊重彼此的势力范围。松冈断言，只要坦然面对世界的权力现实，美日仍然能够"合作"。但两个本应"合作"的国家，却有实则大打出手的可能。① 无论如何，日本和德国结盟至关重要；这将使日本占得美国的上风，迫令后者对日本刮目相看。由于这些观点，他之出任外相一职，得到了陆军和文官中与德结盟派的强烈支持。尽管天皇显然还是坚持要和英美保持友好关系，但在日本当时的政治气候下，只有任命亲德的外相才能让陆军满意。

107

近卫组阁前，邀请了松冈，还有他想分别任命为陆海军大臣的东条英机大将和吉田善吾大将，到其获洼的宅邸共商对外政策目标。松冈准备了一份声明的草稿，主张巩固日德意三国轴心，"以迅速在东亚建立新秩序"。对苏联，他主张签订一份五到十年的互不侵犯条约，为日本和苏联的最终大战赢得准备的时间。英国、法国与荷兰的亚洲殖民地应融入地区的新秩序，而日本应下决心在其间拒斥美国的干涉。最后，日本应准备和重庆的国民党实现和解，只要他们愿意和日本妥协，并同意合作建立东亚集团。这些想法得到讨论，成为新一届近卫内阁外交政策的基石。核心文件是内阁7月26日的决议，题为《基本国策纲要》。文件的序言指出，世界"正处在重大转折之关头"，概因"基于若干国家集团的形成和发展，新的政

---

① *Mastuoka Yosuke* (Tokyo 1974), pp. 726 – 7, 730 – 6.

治、经济和文化正在产生"。显然，日本要建成这样一个国家
集团，即现在所谓的"大东亚新秩序"。① 新秩序的核心仍然
是"三个紧密团结的"国家——日本、"满洲国"和中国，但
也将囊括亚洲的其余部分，以创建一个经济上自给的集团。对
新秩序覆盖的地域，此文件讲得相当笼统，当时通过的其他声
明和政策显示，东京的新任领导人所设想的是——按陆军参谋
本部一位高官的解释——"印度以东，澳大利亚和新西兰以
北"的广袤地区。②

　　近卫认为统一东京的决策是当务之急，于是恢复了内阁和
大本营之间的联络会议。这个机制是在对华战争爆发时建立
的，但 1938 年 1 月后就再未开过会。现在近卫想用它作为战
略和外交事务的最高权威。为执行上述内阁决议，7 月 27 日
召开的联络会议批准了一个指针清单。应该看到，当时的重点
是在外交上采取主动——和德国、意大利、苏联，可能还有中
国展开新一轮接触——而非军事行动。陆海军存在严重的战略
分歧，海军当时不愿考虑和英美开战，而陆军坚决主张必须直
面这种可能。其实，在当时，日本尚无对欧洲殖民地用兵的具
体作战计划，更遑论对英国和美国。日本似乎极力想轻松获取
亚太地区的丰富资源，而手段仅仅是凭借有利的国际环境向英
国人和美国人施加心理压力，令其减少在亚洲的承诺。

　　事实上，日本人的盘算不切实际。近卫内阁的上台，对向
南扩张有意无意的暗示，根本没有令英国、美国和中国深觉抵
抗无望，而只是更加坚定了它们团结起来的意志。在华盛顿，

---

　　①　Ibid. , pp. 747 – 8.
　　②　*Daihonei rikugunbu*, 2：55 – 7.

罗斯福总统正在重申一项政策，即援助英国，防止其被德国打败，并保证皇家海军的生存。英国免于亡国的命运，被认为对亚太地区是至关重要的，因为除非英国的处境已令人绝望，否则日本在动武时会有所忌惮。因此，美国的亚洲战略，是其欧洲战略不可或缺的内容。为制止日本铤而走险，罗斯福还做出决定，除了令美国舰队屯师夏威夷水域外，对日本实施经济制裁。7月底，航空汽油、机油，以及某种品级的废铁均在禁运之列。

这些手段并不表示美国正考虑和日本开战。它的战略仍是欧洲优先，在德英之战的结果更趋明朗前，它会在太平洋坚持防御政策。不过，在日本的压力面前，美国在该地区没有退让的余地。打一场太平洋战争自然非罗斯福政府所愿。它的希望是：一手强硬，如禁运航空汽油和废铁；另一手弹性，如准许日本获得低辛烷汽油，能阻止日本在东南亚诉诸武力。

但是，要劝阻东京再次倒向德国，是极其困难的。为阻止德日同盟成为现实，美国必须证明，只要不死抱着这项政策，东京将得到更多好处。但要换得日本不加入轴心国条约，美国几乎没有可用的筹码，于是转而求诸确保英国生存这一显而易见的战略，不让日本人死心塌地地以为勾结德国是英明的选择。9月初，"驱逐舰换基地"协议的签订，清晰地显示了英美是一条心的。

英国官员对两国合作关系的这一明证感到欣喜，它对亚洲的意义一目了然。英国显然不想和日本开战，但如果战争来临，它只得向美国求助。问题在于，在1940年夏，美国不想在军事上介入亚洲，它摆在首位的是西半球的防御，然后是助英抗德。在此情势下，若日本人那时侵入英国的领地，则英国将被置于极其艰难的境地。日本人在这点上的踌躇，使英美免

109

于难堪和窘迫。

日本人的犹疑和苏联问题的不确定有部分关联。尽管近卫内阁致力于同莫斯科改善关系，但其具体形式还很不清楚。斯大林想促使日本人提议修好，但他不想日苏友好从属于德国、意大利、日本和苏联的四国条约，因为那就让苏联和法西斯国家上了一条船。这个想法有违日本人的意图，结果拖延了德日谈判，这是日本人在东南亚畏首畏尾的原因之一。

另一个原因是中国问题。近卫新战略的一个基本环节，就是继续前任的努力，采取一切手段逐步结束对华战争。可供选择的战略中最明显的，即利用南京的汪精卫傀儡政权，对日本领导层最乏吸引力。上文提到，汪精卫政权已在3月成立，但甚至包括日本在内的所有国家都未承认它为中国的合法代表。直到米内内阁执政末期，一个由前任首相阿部①率领的使团才被派赴南京，谈判预备外交承认的"基本条约"，可是阿部所携条款极其苛刻。在谈判结束前，近卫取代了米内，但条款照旧。汪精卫提醒日本人不要忘了近卫在1938年12月22日所作的声明，近卫在声明中表示，日本愿意尊重中国的主权和独立，但阿部遵照东京的指令，坚称日本的首要任务是在中国消灭反对日本和南京的势力。这项任务使日本军队必须继续驻留中国，并以各种手段确保占领区的法律和安全。尽管中国人对这些条款表示反对，认为其置"南京政府"于尴尬的境地，在中国为千夫所指，但日本人不为所动，最终在8月底商定的条约草案，一面唱着两国永世结好、长久合作的高调，一面做了允许日本无限期驻军中国的具体规定。即便如此，条约获得

① 即阿部信行。——译者注

批准、东京正式承认南京也要推迟到 11 月底。①

之所以迟迟不承认汪精卫政权，是因为对说服蒋介石领导的国民党与日本媾和，日本领导层从未死心。汪精卫工作本质上是一种策略，是为了让重庆的国民党更加重视日本的停战建议。近卫首相特别急切地想尝试这种方法。他和陆军高层认为，国民党的领导人们已对战争备感厌倦，他们肯定会对日本陆军提出的停战建议感兴趣。根据这项计划，近卫和蒋介石相互致函，安排两军代表会晤。8 月 22 日，近卫首相真的写了一封致蒋介石的信，表示他相信两国能够“调整关系”。日本人希望致函之后，高层的停火协议能在 9 月达成，并在当月底举行最终和谈。②

这项计划真是异想天开。实在令人难以理解的是，为何日本人竟以为国民党在三年抗日之后，会在如此短的时间内同意媾和，但这无疑表明，他们对蒋介石及其同志抱有一厢情愿的天真幻想。后者绝不会同意停火，除非日本军队因此完全撤出中国，如果不是同时撤离中国东北的话。日本仍然坚持“满洲”独立，不肯放手驻兵华北的权利，在这种情况下，本不能指望重庆会回应日本的要求。9 月初，重庆宣称近卫的信函是伪造的，并拒绝接受。

在持此强硬立场的同时，国民党显然预计会得到英美和苏联的不断支援。的确，对英国决定屈从日本的压力，将缅甸公路关闭三个月（7 月到 10 月），重庆感到失望；据估计，每月约有 1 万吨的物资经缅甸抵达重庆。失去这些货物，再加上印

---

① *Chung-hua Min-kuo*, 6.3：358 – 66.

② *Daihonei rikugunbu*, 2：85.

支公路封闭，国民党重庆根据地的外援就几乎全部断掉了。唯一敞开的通道是经过新疆的西北交通线，苏联的物资由此发运。但这一路的运输量已逐渐减少，以至在 6 月的时候，只有约 500 吨物资运往重庆。[①] 国民党不得不对付着使用急剧减少的物品和战争物资。不过，能鼓舞中国人斗志的，唯有英美合作的确定无疑的迹象。两强对挫败德国野心的公开承诺，意味着它们不会容忍日本南下。同样重要的是，为阻止日本向南突进，它们会尽其所能，使之被牵制在中国。美国对航空汽油和废铁有选择的禁运，是美国要使日本人越来越难以打垮中国的证明。鉴于这种趋势，要是蒋介石及其支持者们响应日本的提议，则未免太无谋了。面对要么加入日本建立反英美同盟的计划，要么和英美保持更密切关系的抉择，国民党毫不犹豫地选择了后者。

说到中苏关系，国共两党对纳粹—苏联条约，以及传闻中日本向莫斯科寻求和解的举动，都有深深的疑惧。尽管苏联人不断向中国人保证，他们将继续助其抗战，但在重庆看来，苏联对中日战争的政策远无美国爽利痛快、明明白白。由于这一点及其他原因，国民党愈益向美国寻求支持。在 1940 年夏，美国是硕果仅存的既足够强大，又明确反对日本的国家。中美之间已有某种准伙伴关系，前者正迅速形成一种意识，即自己的命运和后者的命运休戚相关。因此，日本对抗中国正演变为对抗英美加中国。尽管日本将亚洲新秩序说得天花乱坠，但被其打动的中国人寥寥无几，剩下的则无动于衷。他们更愿将生死存亡交托英美而非日本之手。

---

① *Daihonei rikugunbu*，2：44.

第四章　同盟的失败

德国、意大利和日本在 1940 年 9 月缔结的轴心国同盟，本是日本贯彻其反英美的亚洲新秩序之构想的王牌。把国运系于德国在欧洲的军事胜利和苏联在亚洲的中立，将提升日本的潜在力量，从而将英美的势力逐出亚洲。可是，时间不久将证明，英美的势力反而在同盟缔结后的数月里逐渐变强，以至到 1941 年年中，日本人的不安全感更甚以往。他们发现自己陷入了 ABCD 四强——美国（America）、英国（Britain）、中国（China）、荷兰（Dutch）——的包围。鲜有哪次外交上的主动出击比这次败得更彻底的。

轴心国同盟

1940 年 9 月 27 日，三国同盟条约在柏林签署。条约谈判在东京进行，谈判双方是日本外相松冈和 9 月 7 日抵达的德国特使亨里希·施泰默尔。

谈判的时机选择至关重要。它正逢美国政府出台一系列重要决定。首先，加拿大—美国联合防务委员会的成立（8 月中旬）和"驱逐舰换基地协议"的签订，表明美国正确然无疑地涉足英国的战争。其次，罗斯福政府在共和党总统候选人温德尔·威尔基的支持下，吁请国会通过一项军事法案，并取得成功。9 月中旬通过的选征兵役法（selective service law），建立起 21 ~ 35 岁男子应征的制度。这再次展示了美国对抗德国野心的决心。这些举措，加上罗斯福和丘吉尔之间不间断地交换意见，使英国人安了心，知道美国定会保其生存无虞，事实上，到9月的时候，最糟糕的日子看来已经到头了。尽管德国空军无情地狂轰滥炸，但英国没有屈服，士气始终昂扬。美国愿将大批舰只交予英国这一事实表明，美国人确信它们不会落入敌手，美国的领导者们断定，英国将挺过德国的攻势。

形势发展如此，迟来的德日同盟起不到它如早签订一两月或能起到的效果。比如，轴心国条约若在五六月订立，也许对英国人的心理更具毁灭性，英国人也许会被迫同意日本人在亚洲的进一步要求，以缓解条约带来的冲击。可是，到了9月，英国能够确保获得美国的持续支持，而美国也已开始对日本实施某些禁运。在此情势下，轴心国条约根本无法令英美两强松动立场。相反，条约有可能使它们更有决心坚定不移。事实的确如此。

日德两国的谈判者们完全了解美英的联系正日益紧密，正因如此，他们希望其同盟能抑制或缩小美国插手的影响。当时，按松冈的说法，美国正逐步卷入的，不仅是欧洲事务，还有亚洲—太平洋事务，这一点正日渐明显。它不仅在大西洋和英国人，还在亚洲—太平洋和英联邦国家联合起来。事实上，美国要使自己成为全球大国，势力遍及大西洋、加拿大、西半球、太平洋和亚洲。也就是说，日本今后必须面对并准备与之作战的，是一个由美国领导的联盟。日本的对手将不再是孤立无援的中国，而是得到苏联、英国，尤其是美国帮助的中国。将英国单独挑出来作为下一个假想敌，也是不切实际的。

与德结盟前夕准备的不少政策备忘录证实了这种想法。就在施泰默尔到来前，近卫和外相、陆相、海相一致认为，鉴于美国的对日政策和针对日本所做的军事准备，日本为了实现目标，将不得不准备以武力对付英美。这绝非易事。和料来颇有胜算的独以英国为假想敌的战争不同，与英美联军对战是极为艰巨的任务。松冈明白这一点，正因如此，有机会将德国拉进来求得平衡，他求之不得。他希望，东京和柏林公开结盟，要么将使美国不敢在亚洲挑衅，要么将在战争爆发之后，有助于日本对抗美国。①

　　德国人另有打算。希特勒想在美国军事干预前结果英国，他当然不愿日本以这种方式引发和美国的危机，以致后者卷入一场世界大战。施泰默尔告诉松冈，德国想要日本做的，是尽一切可能"制住"美国，并阻止其插手欧战。德国人希望，通过展示德意日团结一致的决心，轴心国条约能起到这些作用。施泰默尔声称，尽管三者应为最坏的情况做好准备，如有必要随时能合力对美作战，但是德国将尽力阻止日美冲突。此外，德国很乐意充当"诚实的掮客"，为日苏化解分歧，在轴心国条约签署后不久实现日苏友好。这些想法表明，柏林决心全力实现打败英国的眼前目标。德国希望，如果德日条约迅速签订，随后苏联与之友善，站在它们一边，就能在美国插手前做到这一点。同时，德国将把美国撇在一边，希望它也别管其他大国的闲事。②

　　松冈深感德国的这些想法是在暗示，如果英国在欧洲被击败，德国有和美国达成妥协的可能。要是此事发生，日本就会再次被孤立，因为德美都不愿让日本在亚洲的殖民地区建立自己的新秩序。为避免落到这步田地，松冈在9月14日本文

115

---

①　*Matsuoka Yosuke*（Tokyo 1974），pp. 768 - 9.

②　Ibid.，pp. 772 - 4. 又见 Theo Sommer，*Deutschland und Japan zwischen den M? chten，1935－1940*（Tübingen 1962），Ch. 4。

武首脑的会议上表示，日本要么联合德意，要么倒向英美。他承认，重新和英美合作仍是一个选项，但如这么做，日本将不得不放弃亚洲新秩序的梦想，接受美国关于结束对华战争的条件，并"受美英支配至少半世纪"。果真如此，日本不仅要回落到一战后的状态，还要面对一个更强的中国，而且蒋介石的抗日政策将被证明是正确的。这些就是实行与美和解政策的后果。如果此非日本所欲，剩下的唯一选择就是与德意合作。按松冈的想法，这一合作超越了单一的外交协同，涉及必要时的联合军事行动。

116 当时，日本海军已接受了与美开战的可能。其首脑们是务实的，一直认为在一场旷日持久的战争中，日本毫无胜算。但这时，海军高官们似乎已下结论认为，和德国结盟有可能改变这场冲突的态势。同盟有可能使日本在东南亚立足，从而获取石油和其他必要资源。如果能实现这一部署，那么即使与美开战，日本也将处于远为牢固的地位。德国盟友还有望向日本提供军事装备和得自征服地区的石油。这一切，加上苏联有可能加入条约，也许能镇住美国。陆军所见与之略同。尽管陆军的战略家们希望尚可阻止英美联手，但他们承认，如果日本要对英国在亚洲的属地用兵，它可能将面临美国的反对。在这种情况下，与德结盟和与苏修好是至关重要的。

在 9 月 19 日日本首脑出席的御前会议上，松冈明确宣称，轴心国条约是"一个针对美国的军事同盟"。毫无疑问，日美关系进入了另一个危机阶段。尽管距它们之间爆发战争还有 14 个月，日本在 1940 年 9 月就明确敲定了对抗英美。此后，日本的外交和战略运作将以此为纲。虽然有人对轴心国同盟确能阻止日美之战抱有希望，但日本的领导者们现在意识到，这场战争的可能性是真实存在的。天皇本人表达了对美战争似乎不可避免，而日本会被打败的看法。枢密院议长原嘉道表示，轴心国条约签订后，美国料想会做出反应，加紧对日本的经济制裁，实际上是对后者进行经济战。松冈的观点是，即使面临这种形势，和德国的同盟也有用武之地，因为可仰赖德国向日本提供必要的资源。原嘉道还说，美国可能会在新西兰、澳大利亚等地建立基地，以包围和遏制日本。是否应将这些举动视作战争行为并以武力回击，从而使德国担负参战义务？松冈说此事须由大本营决定。上述及其他讨论表明，日本高层均承认，对日本外交来说，一个时代已然过去，而一个新的时代也已来临。如其所见，选择不外两个，要么屈服于美国的压力，要么反抗之。前者意味着接受美国对亚太现状的界定——这一界定有中国、英国和苏联的支持，而后者将导致建立全新的地区秩序。①

　　美国官员们也是这样看。轴心国条约的签订不过是证实了他们的观点，即日本野心勃勃，企图称霸东南亚和西南太平洋。和松冈预计的相反，和原嘉道的担忧较吻合的是，美国并未因轴心国条约而缓和自己的亚洲政策。罗斯福政府没有退缩，而是继续在经济上制裁日本，并正式批准支持英国和中国。当然，对于向日本施加更严厉的制裁是否明智，罗斯福的高级幕僚们意见不一。国防部长亨利·L. 史汀生、海军部长弗兰克·诺克斯、财政部长亨利·摩根索和内政部长哈罗德·伊克斯正在成为头号强硬派，坚信应逼压和惩戒日本，直至其屈服。其他人，尤其是国务卿科德尔·赫尔，相信这么做除了

117

————————

① *Matsuoka*, pp. 779, 787 - 8.

引发每一位要员都认为至少应暂时避免的战争以外，没有任何好处。罗斯福站在稳健派一边，但这只是战术上的分歧罢了。没人会接受日本的逻辑，即轴心国同盟正在开创一个新局面，美国必须顺应时势。相反，包括赫尔在内的华盛顿官员一致认为，应警告日本别指望美国会被这种同盟吓住，而对其最有力的回击，就是确认维持现状的承诺。但由于少了美国的参与，现状就不可能维持，形势仍然是日美两强将在亚洲和太平洋一决雌雄。[①]

此时，随着美国对东南亚的相关事态发展做出反应，这一点变得明显起来。在德日就轴心国条约进行谈判的同时，印度支那的日本军队和法国军队之间爆发了小规模战斗。上文提到，米内内阁执政末期，日本政府迫使法国政府关闭了通往重庆的印度支那公路。近卫内阁还不满足，决定索求更多让步，例如让日本军队使用印度支那的飞机场，取得过境权，以及向日本军队提供给养。谈判还在东京、河内进行的时候，沿边境驻扎的日本军队在9月23日跨过边界，和法军发生了小规模冲突。两天后，法国人投降，日本占领北印度支那成为事实。与一些前例不同，这一次越界得到了内阁首脑们的批准。按他们的说法，日本是要"和平占领"印度支那，但若法国人抵抗，就只好动武。[②] 后来，法国人只做了最微弱的抵抗，但结果依旧。日本人入侵并占领了另一个国家。尽管轴心国同盟尚

118

---

① Jonathan G. Utley, *Going to War with Japan*, *1937 – 1941* (Knoxvile 1985), p. 109.

② Defence Agency, War History Division (ed.), *Daihonei rikugunbu* (The Army Supreme Command; Tokyo 1968), 2：91. 又见 Murakami Sachiko, *Futsuin shinchu* (Japan's Thrust into French Indo – China; n. p. 1984)；Ch. 6。

未缔结，但华盛顿立刻做出反应，禁止向日本出口所有类型的废铁。

同时发生的另一事态，是日本人和荷兰官员就提供东印度群岛的石油和其他资源所进行的一系列谈判。为了9月中旬的会谈，商工大臣小林一三被派往巴达维亚，但由于荷兰人仗着有美国人撑腰，拒绝同意日本人取得殖民地石油开采权的要求，谈判进展缓慢。他们最多只能提供一定量（10月时说的量是130万吨）的石油供日本采购。① 这比日本人想要的差得太多，在美国禁运后，他们显然对航空汽油，以及其他肯定会被列入禁单的物资有巨大的需求。巴达维亚的荷兰当局与欧洲和美国在东印度群岛的石油公司合作密切，而这些公司与华盛顿政府有长期联系。结果，即使日本"和平"推进，也遭遇到与日趋强硬的美国政策相关的坚决抵制。

祸不单行，英国也表示有仿效美国之意。虽然在7月伦敦曾同意关闭缅甸公路三个月，但到9月时，丘吉尔及其内阁判断，欧洲和亚洲的形势已经好转，因此他们应拒绝继续封闭缅甸公路。随着美国的决心日渐明确，没有理由继续屈服于日本的压力。缅甸公路三个月的封路将在10月中旬结束，伦敦决定届时再度开通此路，以恢复往重庆的运输。

对中国人而言，这些都是喜讯。轴心国同盟根本未使他们对德日联合感到畏怯，而是竟令其确信，日本将更加疏远英美，这一发展对中国有利。驻重庆的美国大使纳尔逊·T.约翰逊在当时汇报，"中日冲突爆发以来，中国人的士气从未如

① Irvine Anderson, *The Standard – Vacuum Oil Company and United States East Asian Policy, 1933 – 1941* (Princeton 1975), p. 154.

现在这般高涨"。他无疑注意到了中国人的观点，即轴心国同盟使欧洲和亚洲局势更加紧密地联系起来，为此，美英将再次重申反对日本侵略中国的决心。① 当然，德日同盟有一棘手的后果：东京会向柏林施压，要其承认南京的傀儡政权为中国政府。然而什么也没发生，因为德国官员对采取如此激进的行动心存犹疑，这么干除了讨得日本的感激，全无用处。德国主要关注的是欧洲，他们害怕德国挺汪反蒋，会进一步使德国和美苏的关系复杂化。因此，在甚至连德国都迟迟不愿在南京问题上支持日本的情况下，国民党有理由认为，轴心国同盟的缔结对其抗日斗争没有直接影响。②

中国人有些担心的，是新同盟对苏联政策的影响。苏联官员反复重申，他们的援华政策不会改变，但与此同时，苏联媒体开始大肆报道中日在南京的谈判，似乎想造成中国正陷于分裂的印象。③ 在国民党看来，这和轴心国条约申明不针对苏联一样令人头疼。由这些事例，中国人可以推断，日苏关系或将改善，后者对中国战争努力的支持可能会减弱。某种程度上，这些担忧是有道理的，因为莫斯科正挑动日本提出谅解的要求，好将日本的野心从北方转移开去。不过，这基本上是出于对德苏关系有可能突然破裂的顾虑。1940 年秋，德苏两军集结在罗马尼亚等巴尔干地区，制造出紧张气氛。国外的观察家们已经在预测，两强会撕毁它们的互不侵犯条约，爆发冲突。例如，《纽约时报》在整个 10 月登载了若干由其雇员撰写的新闻分析，强调德苏冲突有可能爆发，甚至是一触即发。一篇

---

① *Foreign Relations of the United States*：1940（Washington 1955），4：424.

② *Chung - hua Min - kuo*，6.3：418.

③ Ibid. ，6.3：431.

题为《黑暗中的俄国》（10 月 16 日）的社论表示赞同，声称
德国在轴心国条约等事情上没和俄国人商量，并解释道，尽管
斯大林不会在"从与另一个独裁者心怀鬼胎的合作中榨取利
益"时突然改变其战略，但他对和德国的伙伴关系正越来越
不快。最起码，德苏关系前途难测，在这种形势下，苏联有充
分理由挑诱日本提议修好。而这会引起中国人的焦虑。

　　面临这种情形，中国人能指望的一点，就是美英一以贯之
的对日立场。要是他们获悉，在 10 月初的时候，丘吉尔首相
透露，没有什么堪比"大英帝国和美国并肩作战的重要性"，
一定会大受鼓舞。丘吉尔相信，美国加入反对轴心国的战争，
"完全符合英国的利益"。① 为制订联合战略对付日本，英国、
美国和荷兰的官员计划在亚洲和华盛顿举行彼此间的幕僚会谈。
诚然，在这个阶段，伦敦和华盛顿都未设想和中国军队进行全
面战略协调，但事情的影响是清楚的：德国和日本联手，甚至
有可能苏联和日本联手，只会巩固美英的团结。于是中国人会
发现，就在日本人试图建立自己的全球同盟时，他们自身也加
入了一个同盟。中日之战正转变为两个国家集团间的冲突。

120

走向英美同盟

　　1940 年暮秋，当罗斯福总统再次参加竞选并胜出时，这
一点得到了证实。在 11 月 5 日的总统竞选前后，他明确支持
英国的战争努力，公开了他向后者出售飞机和所有类型战争物
资的政策。这不是竞选中的议题，因为威尔基也支持这项政

---

① James R. Leutze, *Bargaining for Supremacy*：*Anglo - American Naval
Collaboration*, *1937 - 1941*（Chapel Hill 1977），p. 165.

策。但罗斯福的第三次胜选加强了他在国内的权柄，所以他现在将更加大胆地千方百计帮助英国人。

英国人极度需要美国的帮助，因为他们购取的物资正迅速耗尽国内和海外的资金储备。12 月时有人估计，伦敦只有 20 亿美元可用，而其所下的订单总值达 50 亿美元。在此情势下，显然，美国必须施以援手，接济英国人采购。如何做到这一点而不违反既定的法律，并避免美国直接卷入欧战，是罗斯福和他的幕僚们在 1940 年年底想竭力解决的问题。问题的答案是"租借"：美国将借给英国用以粉碎德意野心的武器，战争结束后，这些武器将归还美国。这笔交易不涉及常规的出售或贷款，但如总统所说，将使英国担上"以实物抵偿的君子义务"。为了实施这项政策，美国显然有必要提高武器产量，甚至不惜挪用消费品的生产能力。正如他在 12 月 29 日著名的"炉边谈话"中宣称的那样，美国必须成为"民主国家的大兵工厂"。美国的立场现在一目了然。它将利用除战争以外的一切手段帮助英国。但"除战争以外"是一足够模糊的表述，可以涵盖各种选择。除了美国士兵尚未参战，美国已踩在了战争的门槛上。12 月底新成立的协调民用物品和武器生产的生产管理办公室、租借的构想、白宫和其他部门每日发布的声明，都使这一点确然无疑。罗斯福本人在上述讲演中指出，"这是一个和战争本身一样严峻的危急关头。我们必须以打一场战争的决心、紧迫感及爱国主义和牺牲精神，来完成我们的任务"。①

当总统说到"战争"时，他并不仅仅指德英之战。尽管

---

① Robert Dallek, *Franklin D. Roosevelt and American Foreign Policy, 1932 – 1945* (New York 1979), pp. 252 – 7.

他的演讲提到"欧洲的人民……正在保卫自己"，而没有涉及亚洲人的抗日斗争，但他号召他的国人"支持奋起自卫，抵御轴心国进攻的国家"。由于轴心国条约新近缔结，他的言下之意一清二楚。虽然对美国来说，英国的生存是头等大事，但单是这一目标，就要求保卫英国在亚洲而不仅是在欧洲的利益。更加清楚的是，唯有美国增强自身实力，才能实现这个目标，这需要巩固其在太平洋和大西洋的地位。罗斯福将美国定义为民主国家的兵工厂还意味着，美国将援助所有民主的且为自身自由而战的国家。这些依然是宽泛的概念，宽泛到甚至最终连苏联也包括在内。在 1940 年年底，毫无疑问，中国符合要求。它在抵抗一个与德国为伍的侵略强权这一事实，就足以使它有资格得到特殊考虑。

　　1940 年年末的唯一问题，是战略的优先选择。假如美国卷入了一场反对轴心国的全球斗争，那么它需树立一种意识，即近期的重点应放在何处。假如不能毕其功于一役，华盛顿政府就必须决定实施援助政策的最有效方式。此时，全力支援英国本岛取得优先。伦敦要什么，华盛顿就给什么。下一个是中国。缅甸公路重开后，来自美国，以及较少量的来自英国的物资运输恢复了。和重庆达成的 1 亿美元的贷款协议在 11 月 30 日公布，这是美国给中国的最大一笔钱。这笔资金将由蒋介石支配。同样重要的是，美国将为他提供 50 架驱逐机（pursuit plane）①，而美国公民也将获准以飞行员或飞行教官的身份在中国服役。飞机和飞行员将隶属于克莱尔·陈纳德上校在重庆创立的志愿航空军。官方称谓是美国志愿队，但以飞虎队之名

------

①　战斗机的旧称。——译者注

著称于世的航空军，将在 1941 年秋就绪。①

　　不过，美国最高层的军事战略家们此时不愿更进一步。他们都同意罗斯福的看法，即国家正在从事一场准战争，并且必

122　须为一场真战争做好准备。但他们还未准备好打一场同时对抗德日的两线战争。尽管美国最终必和两国交战，但这时战略制订者们普遍同意海军作战部长哈罗德·R. 斯塔克上将和陆军参谋长乔治·C. 马歇尔将军的观点，即美国首先应专注于大西洋战区。击败德国将占用美国所有的物力和人力，不应挪用资源和日本打太平洋战争。美国应在世界的那个地区采取守势，至少要到欧洲形势确有改观为止。

　　全力以赴以打欧战为先、太平洋战为后的战略，得到了斯塔克和马歇尔的大力推动。这项战略是早先"彩虹"诸计划之一的延续，被称为 D 计划［或"狗"（Dog）计划］。问题在于，在亚太地区取守势的具体内容是什么，战略家们的意见并不完全一致。是指捍卫现状，还是指重新界定现状，将防线推后至夏威夷群岛？无疑，这一选项等于是不仅未加强，甚至还放弃了菲律宾，更别提香港、新加坡和其他得不到美军守卫的英国领地。这一战略必须假定英国的领地将由英国保护，但考虑到后者正在本土为生存而战，这是相当不现实的。因此，至少暂时说来，在太平洋取守势的战略，意味着将夏威夷以西地区让给日本。

　　这条思路，显然和坚决反对日本侵略并支持中国的官方政策不相容。两种立场从未彻底调和过。罗斯福总统两者都接

————————

　　① John Hunter Boyle, *China and Japan at War*, *1937 – 1945*: *The Politics of Collaboration*, *1937 – 1941* (Stanford 1972), p. 304.

受，反对日本的政策是根本，而优先考虑欧洲在短期内是必要的。他以及史汀生、赫尔和摩根索这样的文职顾问相信，在亚洲的强硬政策——这已为给中国的物质支持所证实——将制止日本的进一步侵略，从而战争可免。如有可能，美国应避免轻率地刺激日本或贸然与其交兵；但除此以外，它应通过其他手段运用威慑战术，比如向日本发出外交警告，在夏威夷水域陈列舰队，鼓动在亚洲的英国和荷兰当局抵制日本的压力，以及援助重庆的国民党。除了这些，鲜有能达成一致的具体意见。即使总统在1941年1月中旬批准了D计划，其内涵仍然不甚了了。至少，这项战略不会像军方打算的那样被推向其逻辑终点；罗斯福接受它，并不意味着美国将减少在西太平洋或东南亚的承诺。相反，哪怕在D计划的限制下，美国也将促使反对日本在亚洲扩张的国家形成一个同盟体系。　123

　　鉴于当时美国政策的全球性，这是势在必行的。纵使要在亚太地区施行防御战略，它的作用也要在更宏大的国际同盟框架中界定。英美官员发起的有关香港和新加坡防务的幕僚会谈——尽管未能产生一个一致同意的计划——本身就是美国战略将在更宏大框架下表述的证明。中国和荷属东印度自然也是如此。陈纳德和中国的领导层保持着日常联系，11月时还到华盛顿请求更多援助；同时，亚洲的英国和荷兰官员也在讨论一项联合战略，假定美国会出手相助。虽然没有缔结正式同盟，但中国、美国、英国和荷兰官员及战略制订者们的不断接触和联络，正在为最终结盟打下根基。①

---

　　① Leutze, *Bargaining*, p. 176; David Reynolds, *The Creation of the Anglo-American Alliance, 1937 – 1941* (Chapel Hill 1981), pp. 182 – 5.

换言之，日本发现自己比以前更加孤立。和德国的同盟于事无补，而在美国的领导下，一个反日的国家同盟正在形成。甚至连取消原定于 1940 年秋在东京举行的奥林匹克运动会，也加深了这种孤立感。当然，取消运动会是欧战导致的，但日本已将自身和欧战的命运联系在一起，而且结果不利。日本人现在想不到有什么新招可出，他们愿意接受的其他选择就更少了。

1940 年的最后数月里，他们重拾曾经尝试却发现效果不佳的手段：政治解决对华战争。一如既往，这么干要求双管齐下：一手针对重庆，另一手针对汪精卫治下的南京。10 月 1 日，陆相、海相和外相一致认为，日本应和南京政权达成一项基本条约，同时和重庆展开和谈。实施前项策略需要正式承认汪精卫"政府"，但若实施后项策略，要使谈判获得成功，则非有某种"汪—蒋联合"不可。这项双重策略将在 10 月执行，预计在当月底圆满实现。[①] 如果不是彻头彻尾的幼稚，很难说清东京的领导层为何如此乐观。除非他们玩世不恭，采取连自己也知道没有机会成功的政策，不然一定是他们有关中国形势的情报严重失实。和其前任一样，他们不大能领会中国民族主义的力量，天真地相信大多数中国人，不管是否受国民党影响，都会将其命运系于日本而非西方民主国家。日本的领导者们正陷溺于自身的幻想中。至少这些提议表明，对巩固他们帮助建立的"南京政府"，他们并不真抱希望。但即便如此，他们也无法决断是否完全终结这场试验，而这本是重庆必会坚持的任何与日和解的先决条件。相反，必须扶植南京，以防和

---

① *Daihohei rikugunbu*，2：128–9.

重庆的谈判破裂。这种全无章法的策略不可能成功。

尽管存在这些问题，尽管到了 10 月底没有取得任何进展，但在 11 月 13 日东京最高级官员们举行的御前会议上，以上提议获得了批准，可见日本已陷入绝境。他们再次表示，和中国的和谈，必须建立在汪蒋重新合流的基础上，这要在日本正式承认"南京政府"前实现。作为对再度统一的回报，国民党必须承认"满洲国"，放弃抗日政策，同意日本军队继续驻扎在蒙古、新疆、华北和长江下游三角洲，接受日本海军舰船在华南的存在，并和日本一道开发国防所需的资源。如果到 1940 年年底，在此基础上没有达成任何协议，日本将不得不做持久战的准备，以征服重庆。这需要日本军队继续对中国做大规模占领，还需对占领区进行经济开发，从而使战争物资的生产最大化。①

显然，以此为媾和的基础，则标志着中国低头屈服，沦为日本的半殖民地。国民党政府绝不可能接受。在这种手段上动心思，日本人是在浪费时间，而在上述会议上的讨论表明，他们意识到了这点。陆海军的代言人声称，任一选择——通过南京—重庆的二次合流迅速解决战争，或是和重庆打持久战——都极难实行，但世界形势的新近变化，其中包括轴心国同盟，赐予日本问鼎亚洲首强的良机。他们希望，中国的领导人们所见略同，并认识到坚持抵抗是毫无意义的。换言之，解决对华战争，必须从属于新的全球战略。不管怎样，国际环境的各种变化凑在一起，能让日本按自己的意愿结束战争。所有这些想法，显现了战略上的深度混乱。日本人似乎忘记了克劳塞维茨

---

① *Daihohei rikugunbu*，2：132.

125　的箴言，即在战争中，最重要的是认清敌人是谁。甚至在近十年之初，还在中国东北和华北作战的时候，他们就认为最终的敌人是苏联。即使过了 1937 年，他们还是这么想。但如今，日渐清楚的是，敌人与其说是苏联，不如说是美英。要是这样，在轴心国同盟框架下联合作战的全球战略就有了现实意义。对华战争本身将变得较为次要。如此一来，日本就有充分理由设法政治解决战争，最大限度地减小在中国的负担，并如有可能，在全球斗争中争取到后者的合作。

　　和日本的战争正在融入一场更大的冲突，对这一点，中国人应该不会有异议。但认识到这一点使他们勇气倍增，因为他们对赢得英美尤其是后者的支持，比以往更有信心。在这种情况下接受日本人政治解决的条件，是十足的愚蠢。虽然蒋介石不惮利用日本人的建议吓唬美国人，以索取更多援助，但自始他就打定主意，除非日本恢复中国的主权，否则他决不与其媾和。① "满洲国"或许还可商量，但日本继续驻军和南京政权的存在绝无讨论的余地。所以，国民党对日本未予理睬，而后者在 11 月底最终决定，着手正式承认汪精卫政权。

　　11 月 29 日，汪精卫就职南京政权"总统"，次日和日本签署基本条约。上文提到，条约是从 7 月开始谈判的，但直待傀儡政权上台才最终签署。在承诺为了建立东亚新秩序而相互提携的同时，签约双方还规定日本在中国某些地区驻军一段时期——在战争结束后长达两年。即使到那时，日本军队也将继续驻留于华北、蒙古和新疆的部分地区，防备共产党的颠覆活动。汪精卫当上中国新政权的首脑，靠的是接受这些屈辱条

①　Boyle, *China and Japan*, p. 303; *Matsuoka*, pp. 834 – 42.

款，这是不祥之兆。似乎是想特意显示他对日本人唯命是从，他还同意日本、"满洲国"和"中国"联合发布有关三方经济政治合作的声明。也就是说，南京政权正式承认了"满洲国"的独立，与之和日本一起组成了针对中国余部的同盟。无怪乎重庆的国民党当时立即回击，公布了汪精卫和其他76名"叛徒"的名单，放言要严惩其叛国行径。重庆悬赏汪精卫的人头，全世界华人社会则通电表达对汪精卫"卖国愚行"的愤慨。①这再次证明，日本寻求盟友的企图，反陷已于更深的孤立。事实上，正式承认汪精卫政权连同基本条约，断绝了为与国民党实现和解而进行谈判的一切可能，确保了中日战争的持久化。

更糟的是，日本人无法抱定决心一门心思打中日战争，1940年的最后数月里，东京大本营进行了一连串计划活动。当时，东京的海军官员已承认日美战争几乎不可避免。这不是由于对华战争，而完全是南进战略的必然结果。前者主要是陆军的事，海军认为，战争还将持续很长时间。而南进战略必须自行其是，其中海军将起主要作用。海军的主要关注点不是中国，而是荷属东印度。正如联合舰队司令山本五十六海军大将解释的，日本需要印度群岛丰沛的自然资源。如能以和平手段获取之自然更好。但若不成，则日本不仅要对荷兰，还要对英美用兵。这是因为荷兰政府会屈从日本的压力，向日本提供资源，除非他们了解到有英美两强的支持可恃。若是那样，荷兰将抵制日本的要求，但由此导致的日荷战争，显然将引发太平洋战争。因此，日本要么和平取得印度群岛的资源，要么就得

---

① *Chung - hua Min - kuo*, pp. 193 - 215.

和三国开战。在后一种情况下，山本认为，最好主动出击并首先进攻菲律宾，以占得战术先手，然后作好迎击美国舰队反扑的准备。11 月，海军舰队按照预想的战略重组，海军还起草了紧急情况下征用民船的计划。11 月底，在山本的指示下，一场作战模拟在海军大学校①进行。所得结论是，如和美国开战，日本应攻击菲律宾，夺取马尼拉并将其转变为对付美国舰队的作战基地。结论指出，同样关键的，是利用马绍尔和俾斯麦群岛。②

　　陆军还有对华战争要打，同时还须备战苏联。在这种情势下，陆军首脑们感到无法担负和美军作战的责任。他们在和海军同僚的会谈中指出，日本尚不具备和美国大战一场的条件。尽管如此，和海军一样，陆军开始为南进战略拟定作战计划，12 月时，为筹备"南方作战"，参谋本部对陆军重组、情报，以及占领区管理做了具体研究。但"南方作战"的构想，是以荷兰和英国的领地为首要目标，重点是进攻印度尼西亚和马来西亚。虽然在 12 月底，陆海军的计划制订者们共同准备了一份 1941 年的战争计划并获大本营认可，但计划指出了它们的根本分歧，而且缺少确定了假想敌名单的最终的总体战略。③

　　此时，陆海军的战略家们只在一个领域达成了共识，那就是对泰国的政策。双方都相信，不管日本的战略意味着同时对英美还是先对其中之一动武，在已被日军部分占领的印度支那

① 日本海军大学校，为旧日本海军培养高级军官的院校。——译者注

② *Daihohei rikugunbu*, 2：138.

③ Ibid. , 2：140 – 6；Tanemura Sako, *Daihonei kimitsu nisshi*（A Secret Diary of the Supreme Headquarters；Tokyo 1952），pp. 38 – 9.

西邻的泰国牢固确立日本的势力，将大有裨益。泰国和印度支那的边界争端已持续了一段时间。由于德国的胜利和日本的压力，印度支那陷入了外交的窘境，泰国的领导人们急于利用这一点，遂请求日本助其占领某些有争议的边境领土。日本政府和军部欣然应允。助泰国的扩张主义一臂之力，日本即可在此地区巩固自己的地位，并能诱使泰国加入军事协定。倘若日本实施南进战略，泰国正当战略要冲。同时，日本官员想讨好印度支那的法国当局，提出由日本充当领土纠纷的斡旋人。他们盘算，作为对日本劝说泰国降低要求的报偿，日本能迫使法国人在南印度支那给予更多让步。日本人尚未考虑以武力强迫法国人接受日本调停，但在南印度支那和泰国——这些国家目前还受欧洲和美国的左右——确立日本势力的想法，反映了日本实施南进战略的决心。尽管日本人相信，采取这些行动不致和英美大动干戈，但如松冈在 12 月底所称，决定在日泰之间建立"密不可分"的关系，是实现日本亚洲新秩序过程中的又一里程碑。截至彼时，可以说新秩序将由日本、"满洲国"、中国、印度支那和泰国组成。日本的势力圈是否扩张取决于多种因素，尤其是欧洲的战争和美国的政策，且日本必须为最终和英美冲突的可能性做好准备，但至少，看来可以大致和平地将新秩序扩至包括印度支那和泰国。巩固这一阵营反过来能使日本顶住英美的压力，伺机削弱其影响。[1]

128

　　经由这些事态发展，日本确定以南进战略为重，这势必会使其针对苏联的"北进战略"暂时束之高阁。诚然，对陆军而言，备战苏联仍然是个基本原则，一些人甚至忧心日本迟早

---

[1]　*Daihohei rikugunbu*，2：175－6．

会和亚太地区的所有大国交战，包括苏联、美国、英国和中国。但眼下，似乎稳定日苏关系才是明智之举。1940年年底，在中国东北的日本军队约计16个师团，兵力须保持不变，但不考虑和苏军交兵。①

除了避免与苏摩擦的消极政策，近卫内阁还重启其前任的计划，欲实现对苏和解。上文提到，就在于7月倒台前，米内内阁怀此目的和苏联接洽，苏联则表示了谈判的意愿。不过现在日本政府不满足于仅仅维持苏"满"边境的稳定，而是想使两国有更紧密的联系。按松冈外相的推度，德意日同盟的签订，连同1939年的德苏互不侵犯条约，为东京和莫斯科在更广阔的世界大势背景下重估它们之间的关系，提供了绝佳的机会。这是老调重弹。松冈主张日本、德国、意大利和苏联订立盟约，组成修正主义强权阵营，反对英美主宰世界。这一盟约将帮助日本在亚洲建立其新秩序。它不仅意味着苏联援华的终结，还将使英美撤离亚太地区。具体来说，东京现在提出和莫斯科签订互不侵犯条约，此条约和德苏互不侵犯条约相当，而且事实上将亚洲大部分地区划分为两大势力范围：日本将承认苏联在外蒙古、新疆，以及如有必要，在阿富汗、伊朗和印度的霸权；作为回报，苏联承认内蒙古和华北为日本的地盘，并对日本将来进入法属印度支那与荷属东印度持默许态度。

为实现这些构想，松冈任命建川美次为新大使，取代了老资格的外交官东乡。尽管后者是对苏友好的强烈支持者，但外相还是对外交人员做了大幅更动，以此表明日本外交新时代的来临。1931年"满洲事变"期间，建川是主谋之一。他是一

129

---

① *Daihohei rikugunbu*, 2：204.

名职业军人，还曾领导过1939年成立的"东亚建设协会"，宣扬反英亲苏思想。他认同松冈的看法，即日本和苏联在达成划清彼此势力范围的谅解后，都将获益良多，并相信两国可以联手，在此基础上建立崭新的国际秩序。10月底，日本向苏联外长莫洛托夫陈述了这些想法。但后者表示异议，尤其是因为日本的提议竟对萨哈林岛问题不置一词。苏联人想收回1905年割让给日本的南萨哈林岛；最起码，他们想废除20年代给予日本的在北萨哈林岛开采石油和煤矿的特许权。谈判拖延达数月之久。

松冈的想法本是将苏联纳入一个四国同盟，这就无怪乎他找德国助其打破僵局。他责成柏林的大岛大使请德国说情，但无果。11月，莫洛托夫访问柏林并和冯·里宾特洛甫会晤时，后者的确谈到了日苏关系，还提出了四国同盟的建议。但这些议题因德国对苏联在芬兰和巴尔干的行动感到不满而蒙上了阴影。两国未能就划分各自的势力范围谈拢，会议以失败告终。过了不久，在12月18日那天，希特勒决定发动反苏战争，代号"巴巴罗萨"。希特勒7月时就已决意打此一仗，但他在等待适当的时机。如果他能兵不血刃地取得他想得到的东西——东欧和东南欧的土地和资源，他倒情愿和苏联维持不战状态。但他坚信，或迟或早，德国命中注定要同斯拉夫民族斗争。眼见苏联人利用苏德互不侵犯条约在巴尔干等地扩张自己的势力，他断定必须撕毁和苏联人的协定。对英国的战争尚未如愿获胜，随着冬季的降临，他明白战争将持续到新的一年。但他判断，他等待得越久，苏联的力量就会越强。自信美国不会立即干预，希特勒认为，即使他把大部分军队调往东部，不列颠之战也将继续高效进行。事实上，如果他闪击苏联并征服之，一个庞大帝国将为德国所有，其所有资源人力将为德国掌握，从而使德国能更好地应对英国的，以及最终美国的挑战。

"巴巴罗萨"作战将在 1941 年春执行。希特勒命令所有准备工作必须在 5 月 15 日之前结束。然而，他没有将此密令透露给日本人一星半点。尽管东京的德国使馆被大略告知即将和苏联决裂，而这一情报迅即被理查德·佐尔格获取并发给莫斯科，但是后者并未当真。任何一条这样的消息都可能是恶意的捏造，意在迷惑苏联人，为苏德两国埋下不和的种子。斯大林可不想仅凭他觉得不可靠的证据就调整政策。在他看来，最好还是继续取悦德国人，给他们所要的武器和物资，而不是冒贸然弄僵两国关系的风险。斯大林对战争传闻浑不在意，这严重体现在他对与日修好缺乏热情上。假如他对苏德大战已迫在眉睫多几分确信，为保证东部边界的安全，他就会立刻和日本达成谅解，哪怕满足日本的某些要求。但他当即回绝了这些要求，尤其是因为日本人没对萨哈林岛问题做出让步。在日本人看来，将南萨哈林岛归还苏联，或放弃在北萨哈林岛的石油开采及其他特许权，不在讨论之列。这么做等于回到日俄战争前的状态——这是陆军永远不会答应的。为打破僵局，松冈提出购买北萨哈林岛，而不是在谈判石油开采权上虚耗时间，但苏联政府拒不接受。

若东京有关于"巴巴罗萨"作战的确凿消息，则日本人或有更多讨价还价的筹码，但显然，事情并非如此。通过佐尔格，佐尔格的日本同伙们探悉德国的意图，但却秘而不宣。可以肯定，东京的文武高官们从不相信德苏关系会一直火热。1940 年年底，一些驻外的外交官已开始发回两国关系裂痕日深的报告。可是，松冈坚执于他的四国同盟构想。对他来说，轴心国同盟不过是宏图的一部分，他最心仪的新秩序必须有苏联的积极参与。要是德苏关系破裂，其外交的根基必将崩毁。他不愿相信有此可能，还是固执己见，认为日苏谅解能巩固四国伙伴关系，从而抵御任何德苏关系恶化的威胁。如果计划可能受阻，他就亲赴柏林和莫斯科，将此伟构最终定案。他将真正成为新世界秩序的缔造者。为此，他在 12 月底向德国传达了次年初访欧的意愿，德国也适时地向他发出了邀请。此行将表明他的大战略究竟是切实可行的，抑或不过是一厢情愿的产物。①

向日苏同盟迈进

松冈直到 1941 年 3 月 12 日才前往欧洲。他出使时，陆军参谋本部的一名高级军官私下记道：“东京车站人头涌动。他虽赴欧洲，然胸无定策。他将会见希特勒和斯大林，但无人知晓他将携何物而归。”②

这是一次命运之行，是日本为建立反英美的新秩序而奋争的高潮。结果，此行不仅恰逢德苏关系的最终破裂，还遭遇了美国、英国、中国、荷兰四国同盟的形成——所谓的 ABCD 集团，这正是日本人曾竭力阻止的。

松冈之行原定于 1941 年年初，却被推迟到 3 月中旬，可见东京领导层举棋不定。下面将看到，甚至迟至 3 月，关于应授权松冈向德苏外长透露何等内容，他们还未取得一致。同样

131

---

① *Matsuoka*, p. 846; Japan Association of International Affairs (ed.), *Taiheiyo senso e no michi* (The Road to the Pacific War; Tokyo 1962 – 1963), 5：265 – 7.

② Tanemura, *Daihonei kimitsu nisshi*, pp. 49 – 50.

紧迫的，是遗留自1940年年底的印度支那和泰国问题。为最终确定日本干预泰国—印度支那边界争端的方案而反复商议，以及签订日泰条约，占去了1941年头几个月的时间。边界争端导致泰国和印度支那军队在陆地海洋均起冲突，日本人担忧英国人会插手支持法国人。为预防此事，东京大本营和政府决定在1月19日向两国提出由日本调停，并在北印度支那内外展示武力，以为后盾。1月31日的决定指出，这是为了在此地区建立日本的"支配地位"，使之成为"大东亚共荣圈"的一部分。① 这可能是"大东亚共荣圈"的说法首次在正式的政府文件中出现。这说明，日本控制印度支那—泰国地区的战略正在成为不移之策。值得注意的是，当时几乎没有提到荷属东印度；日本将渐次推进，可能使用武力的地区仅限于印度支那和泰国。为实施这项计划，1月31日的文件指出，必须"阻止英美的阴谋"，但"我们应避免在它们控制的地区草率行动，以防刺激它们"。泰国—印度支那战略预计在3月或4月制订完毕。

讽刺的是，日本的调停努力成功了，这使它失去了一个军事干预的借口。泰国和印度支那均接受了日本调停的建议，派代表赴东京谈判边界协定。由于双方各持立场，互不相让，从2月7日到3月11日，会谈持续了一个多月。泰国和法国官员都指望着外援——英国和美国的压力来抵消日本的影响，但最后他们同意妥协，并在5月9日签署了新的和平条约。边界协议是一个折中，泰国所得多于印度支那，但绝非所有要求均得到满足。值得注意的是，日本未抓住时机占领泰国或南印度

---

① *Daihonei rikugunbu*, 2：184.

支那的领土。它在边界争端中调解斡旋，所得即泰国领导人的些许感激；但这和锐意南进迈出首步，实有霄壤之别。

3月11日，松冈外相在东京会见法国大使夏尔·阿尔塞纳·昂利，两人签署了批准泰国—印度支那边界协定的文件。次日，外相启程，开始了欧洲之行。边界协定使他怀有一种成就感，但协定本身毫无用处，因为他准备应对的是纳粹德国和苏联的高层。前文提到，日本未能激起德苏对包括意大利在内的四方同盟的兴趣，这一想法源自松冈的一个观点，即世界正分裂为四大阵营：东亚、欧洲、美洲和苏联阵营。显然，他相信世界如此分化将创造一种平衡，尽管他不十分确定苏联阵营和德意支配下的欧洲，或苏联和日本支配下的东亚之间，能维持长久的和平。不管怎样，看来对松冈而言，这一看法是为了说服自己和同僚们相信，美国将对上述分裂持默许态度，而且正因如此，日本、德国和苏联结成紧密的协作关系实乃刻不容缓。

然而，发来的报告和既有的情报已经显示，德苏关系可能将不再稳固，而且有可能在短期内破裂。松冈不仅从驻东京的德国官员，还从驻欧洲的日本外交官处打听到了这种可能的风声。但他宁愿相信日本、德国和苏联之间存在团结彼此的共同利益。他在去往柏林的途中向斯大林解释道，这些国家都在为削弱英美对世界的控制而抗争。这就是新秩序的意义所在，由于英美是缔造新秩序的障碍，日本和其他国家必须坚拒其干涉。①

其中有些话纯粹是为了打动斯大林的辞令。日本政府对松

---

① *Matsuoka*, pp. 849–57.

133

冈有具体指示，不得做出如德国和英美开战，日本将支持德国的承诺，所以他所有关于对抗英美两强的议论，不等于是在提议建立军事同盟。不过，他显然想在轴心国条约的框架内和苏联达成谅解，以震慑英美。他抵达柏林后，和希特勒与冯·里宾特洛甫会商，想博得他们对其伟大构想的赞许。但他们暗示，德苏关系正在迅速恶化，两国可能不久将爆发冲突。尽管德国首脑们没有具体透露他们正在制订入侵苏联的计划，但松冈应该能猜到这一点。德国统帅部的战略要求闪击苏联边境，在冬天前推进到主要基地和城市，同时，期望日本进攻新加坡和大英帝国在亚洲的属地。德国人相信，这两步棋将吓住美国，阻止其插手。

松冈无法让日本为任何一项进攻新加坡的计划做担保。他的四方协定的高招也未能使德国人信服。换言之，无论德国人还是松冈，都未能就某事取得一致意见，松冈的访问无果而终。讽刺的是，德苏关系的恶化，迫使苏联领导层接受了与日谅解的观点。松冈在4月返回莫斯科时，受到斯大林和莫洛托夫的迎接，他们向他表达了对两国签订中立条约的浓厚兴趣。苏联人显然担心可能遭到德国和日本的夹击，急于和日本拟就一份为期五年的中立条约，好在苏德交战的情况下，使后者严守中立。条约在4月13日签署。附带的声明称，日本将尊重蒙古人民共和国的领土完整，苏联也将在"满洲帝国"同此行事。也就是说，后者现在承认了日本对中国东北的征服，这对中国，尤其是对共产党和其他寄希望于苏联在各国人民的世界反法西斯联盟中担当领袖的人来说，是一记重击。不过，在斯大林看来，为保证日本安分，中立条约是他必须付出的代价。此外，同一时间，苏联政府开始和英美接洽。这还是极其权宜的举措，是为了应对愈发紧急的巴尔干危机，在那里，德军正入侵南斯拉夫。

形势如此，松冈的雄图大略彻底泡汤。他在莫斯科谈下的中立条约不会成为新秩序的基石，而是使苏联专心应付即将到来的对德战争，同时准备与英美和解的关键一步。换言之，日本外交的主动出击根本没有为保护和扩张日本帝国而确保一个稳固的全球同盟，只落得个使日本更加孤立的结果。

1941 年春，伦敦和华盛顿进一步巩固它们的合作框架的时候，这一点清晰可见。英美的幕僚在华盛顿举行了 14 个不同场次的会谈，直至于 3 月 29 日形成了一个最终报告——ABC-1。此报告是两种方案的折中：英国人坚持要联合防卫新加坡和其他亚洲基地，而美国人强调在太平洋实行防御战略，以集中应付欧洲的燃眉之急。它采取的政策，是在亚太地区进行战略防御，核心是通过经济手段和美国舰队陈兵太平洋，阻止日本南侵。在 ABC-1 的基础上，美国、英国和荷兰官员于 4 月底在新加坡会晤，确定如和轴心国开战，三国将进行军事协作。另外，他们要把中国纳入其战略；他们将在中国部署军用飞机，向后者的正规军提供财政支援和装备，并帮助中国的游击队。尽管尚未得到政府首脑的批准，这些计划进一步证实了 ABCD 四强同盟的形成。于是，同一月里，继日苏中立条约签订，ABCD 同盟又进一步巩固，在日本企图建立对抗英美的全球同盟之际，四国联合的用意就是孤立它。①

因此，冲突双方的力量已相当不对等。美国正迅速增强自己的军事实力，并在欧洲和亚洲制造结盟的既成事实，而日本

①　Leutze, *Bargaining*, Ch. 15.

却不能实现自己建立全球反英美同盟的计划。有鉴于此，华盛顿有充分理由相信，日本迟早会在压力下低头，意识到自己亚洲野心的愚蠢。日本方面，由于反日同盟的阵势日渐壮大，采取措施防止彻底孤立已是势在必行。应加强轴心国条约，使之和 ABCD 同盟旗鼓相当，如果不行，日本应设法离间四国。在这样一些想法的推动下，1941 年春，日本人在华盛顿开启外交谈判。美国方面，美国人相信，由于日本愈发孤立，其首脑们将意识到处境艰危，并决心痛改前非。4 月，两位玛利诺外方传教会①（Maryknoll）的牧师在华盛顿现身，要为有意与美和睦的日本温和派说情，正是顺应了这种期望。罗斯福总统、国务卿赫尔等人可以推测，日本的领导层至少分裂了，温和派或能重振声势。果真如此，美国应尽其所能帮助他们，让日本恢复理智。在 1939 年任外相期间曾努力改善日美关系的野村吉三郎大将在 1941 年年初被派往美国任大使，这使人更加乐观。赫尔同意和野村会谈，并在开始会谈时给了野村一份四项原则的清单，这些原则是改善跨太平洋关系的基础。四项原则即尊重领土完整、不干涉内政、商业机会均等及和平改变现状。这是一份美国希望所有国家都接受的声明，包括它的潜在盟友和敌人。四项原则体现了美国外交的传统，是国际主义远景（internationalist vision）的基石。赫尔重申它们，表明美国政府相信可以在自由国际主义的基础上重建世界秩序。这将给日本一个抉择的机会：要么加入该秩序，要么和其他国家分道扬镳。

① 又名美国天主教传教会，是美国第一个天主教传教会，玛利诺是其在纽约总部地名（Maryknoll）的音译。详见维基百科。——译者注

这可不是日本人想在华盛顿得到的。他们的主要目的，是让美国承认亚洲的既成事实，也即默认日本控制中国和可能控制东南亚。这样，美国其实就会削弱四国同盟，如果不是废止的话。如松冈对野村所言，美国必须停止力图扮演世界警察的做法，避免干涉其他国家的"生存领域"（sphere of living）。此话表明，对美国正一步步成功结成将对轴心国建立地区新秩序构成挑战的全球武装同盟，日本官员感到益发绝望。松冈推断，阻挠美国计划的方法之一，是在亚洲和太平洋既成事实的基础上达成谅解。以此为基础，战争可以避免，两国带来"太平洋的和平与繁荣"。①

显然，日本被迫采取守势，美国官员们明白这一点。华盛顿的会谈迁延无果，从美国的角度看，进行会谈的唯一理由，就是为美国备战争取时间。军事战略的制订者们向罗斯福提出，他们需要更多时间，或许要到1942年中期，美国才能准备好承担与轴心国开战的风险。同时，美国将继续支援英国和中国，使其能坚持抵抗德国和日本。在这一背景下，和日本的外交对话纯粹是战术手段。对话只有些微的机会产生重大结果，即日本接受赫尔的诸原则。

逐日详录华盛顿谈判的过程既无必要，也无用处。会谈进一步巩固了ABCD同盟，削弱了轴心国同盟，强调这一点足矣。赫尔特意要帮中国一把，坚持要日本军队如果不是撤出中国东北的话也要撤出中国其余地区，至少，他愿意让日本人待在中国东北，在某种程度上重新制造1937年之前的局面，但日本必须从中国的其他地方撤离。显然，坚持这点是为了强化

136

---

① *Matsuoka*, p. 916.

美中同盟。美国在此问题上的任何让步，都会被中国人视为背叛，对两国形成中的同盟关系起反作用。罗斯福总统选择在这一时点将特使欧文·拉铁摩尔派往重庆，并不是偶然的。在这位约翰·霍普金斯大学的学者之前，还有其他人当过特使，如总统的特别顾问劳克林·柯里，但拉铁摩尔出使却是意义重大，因为其目的就是要建立两国政府首脑间的直接沟通渠道。拉铁摩尔在 6 月前往中国，甫抵重庆，他就开始向中国的领导人们力表罗斯福总统与中国站在一起，直至日本终被驱逐的决心。

当时，考虑到日苏条约的签订，中国人大概需要这种坚强的保证。中立条约震惊了所有中国人，他们必然视之背叛了他们曾帮助建立的反法西斯同盟。国民党担心苏联经西北边境的武器输送会停止，并对莫斯科承诺不干涉"满洲国"感到懊恼，这意味着承认了傀儡政权。国民党害怕的是，日苏中立条约一签，日本人即可从中国东北往中国其他地区调兵。中国共产党则进退维谷。他们不能公开指责苏联和日本签署中立条约，他们甚至可以做到这种地步，宣称条约将"惠及热爱和平的人们和世界上受压迫的民族"。但显然，中共无法咽下苏联同志明目张胆地出卖中国东北的苦果，而中立条约作为苏联见风使舵的例证，将被长久铭记。①

面临这种情形，对国共两党而言，指靠美国的支持，比以往任何时候都更加迫切。美国必须证明，日苏条约不会动摇美国巩固反日同盟的决心。当然，华盛顿的会谈会引生猜疑，即

---

① Tang Tsou, *America's Failure in China*, *1941 – 1950*（Chicago 1963），pp. 212 – 13.

美日打算做笔交易，牺牲中国。必须打消这些疑虑，而最好的办法，就是一而再，再而三地重申美国对中国领土完整的承诺，赫尔和拉铁摩尔正是在这样做。

英国也没闲着。日苏条约签订后不久，重庆的英国使馆就向伦敦报告，在中国，人们越来越"视美国为中国唯一的朋友"，看起来，如果英国此时拒绝响应重庆的要求，即如果日本从印度支那进攻云南省，则英国派志愿飞行员驾机相助，这一倾向将更加强烈。为了向中国人保证英国支持他们的决心不变，外交大臣安东尼·艾登命重庆的克拉克·科尔大使告诉蒋介石，"我们不曾和日本妥协，以后也不会。对中国为自由和独立而战，英国一直抱以衷心同情"。中国的元首为此保证向他致谢，并请他转告丘吉尔首相："我乐意追随阁下的步伐，与阁下一道，共赴我们共同的目标胜利与和平。为此，我们应更加紧密合作，竭尽所能，给予彼此一切援助。"即便话说得笼统，但这些言辞重申了 ABCD 同盟。的确，日本人和德国人之间，或前者与苏联人之间，毫无这等团结一致的表示。①

其实，甚至就在 ABCD 同盟日渐巩固之时，轴心国条约正不断弱化。华盛顿谈判令柏林怀疑日本人企图和美国取得谅解，出卖德国。东京一直拒绝承诺进攻新加坡一事，连同华盛顿会谈，令德国人恼火。正如大岛大使在发自柏林的报告中所言，对这些会削弱轴心国同盟的举动，德国领导层是严重关切的。如果日本执意要同美国和解，大岛警告说，德国可能被迫依样回敬，让苦心建立的日本外交框架作废。尽管这是一个极

①　FO 3017/60/10, FO 3796/60/10, J 4276/60/10, Foreign Office Archives, Public Record Office.

端的看法，但华盛顿的会谈确实起到了动摇日德同盟的作用。赫尔并未完全成功地使日本和轴心国同盟断绝关系。由于松冈在遥控野村，后者即便想，也无法公开宣称日德断交。但野村想传达的信息是，除非美国首先进攻，日本没有加入德国一方和美国作战的义务。在美国看来，这一保证并不充分，但至少它冲淡了轴心国条约的象征意义。由于美国不可能率先攻击德国，无论出于何种目的，日本都不会参与美德之战。换言之，日德同盟不值一提，与不断巩固的 ABCD 同盟适成鲜明对照。①

日本政府陷入了被动。显然，日本正被孤立，最受推崇的日—德—苏结盟的方案更像是纸上谈兵。华盛顿谈判正是在此心理敏感时刻进行的，并给了东京一些官员片刻的信心，即日本现在可以和美国达成谅解。但他们错在以为这一谅解意味着美国承认日本的亚洲新秩序。他们竟沉浸于这种一厢情愿的想法中，透露了其走投无路之感。他们可能认为，日本可以破坏 ABCD 同盟，让美国承认亚洲—太平洋的新秩序，这正是 ABCD 四国盟友要设法挫败的。日美之间唯一可靠的协定，只能建立在轴心国条约和 ABCD 同盟双双取消的基础上，也即意味着回到英美日三国密切合作的华盛顿会议体系。几乎没有日本首脑想走那么远，尤其是外相松冈。松冈感到气恼的是，华盛顿谈判已在进行，而他还身在欧洲，且被其他官员指为不服节制。这一不快最终导致了他的辞职。不过，没有证据表明，由他和美国谈判会更加成功。他是如此信心满怀，以至于相信

---

① Akira Iriye, *Power and Culture: The Japanese - American War, 1941 - 1945* (Cambridge, Mass. 1981), p. 14.

他可以只身前往华盛顿，和罗斯福总统达成协议，就像他曾和希特勒与斯大林那样。但他带给华盛顿的那些想法，想必和野村正传达给赫尔的并无二致；他永远不会接受赫尔的基本原则，反而会坚持要美国承认亚洲的既成事实。此外，松冈绝不会同意废除和德国的同盟。一言以蔽之，即使他亲自参与华盛顿谈判，结果也还是一样：对日本四处受阻感到失望和绝望。

于是，在 1941 年春，面对这样的环境，日本高层文武官员逐渐意识到，如果日本要坚持自己的亚洲政策，它几乎只能单干，而不能指望其他国家的帮助。如何将这一点付诸实行，是他们在当年往后时间里面临的主要问题。

第五章　走向战争

　　　横跨太平洋的战争并非不可避免。至少从 1941 年 6 月起，东京和华盛顿都一心想避免这个结果。可是，尽管日本人认为，只要美国不再协助英国对抗德国和干涉亚洲事务，战争就能避免，美国官员却在迅速建立全球的集体安全体系，要将德日逼回先前的地位。鉴于美国战略的成功，如果日本要坚持自己在亚洲的计划，它的唯一希望，就在于建立一个坚不可摧的帝国，抵御美国及其盟友的压力。

　　1941 年夏的发展证实了这两种趋势。一方面，6 月 22 日开始的德国对苏联的入侵，使后者加入了以美国为首的全球同盟。另一方面，日本乘德苏战争之机侵入南印度支那的决定，意在使日本做好和 ABCD 同盟最终对决的准备。在这种形势下，只有美国的同盟关系破裂，或是日本扭转向南扩张，才有可能阻止太平洋战争。

德苏之战

　　希特勒废除与苏联的互不侵犯条约并入侵苏联领土的决定，立即削弱了日本而增强了美国的地位。这标志着东京的大战略的破产，即联合修正主义国家日本、德国、意大利和苏联，抗衡英美。一夜之间，计划粉碎，迫使日本领导层另谋他策。近卫首相明白，德国对苏联的入侵，将逼着后者向英美求援，因而事实上使苏联成了英美的盟友。正如他写道，苏联被"赶进了英美阵营"。这将进一步孤立日本，甚至有可能使日本卷入对抗所有这些国家的战争。①

　　显然，问题在于该怎么办。日本的一项激进选择，是坦率承认亲德政策的失败，并且，如近卫所言，改弦更张，与美国重归于好。他推断，轴心国条约已经不敷时用；既然它已摆明彻底破产，日本就应挣脱它的束缚，寻求与美和解。正如首相在 6 月初写给松冈的信中所说，同时和美苏开战，是日本永远无法承受的；必须阻止两强建立密切关系，同时，日本必须有持续的原料供应。所有这些目标，都需要重新调整日本和美国的关系。这要求日本在中国和东南亚做出让步，但近卫相信，如能和美国改善关系，这些让步是值得的。实质上，他是在主张重返日本早前的外交政策模式，其中，与美国的政治经济联系是至为重要的。②

　　很难说这一调整，即便付诸实行，能阻止美苏友好，或削弱 ABCD 同盟。但至少，它将动摇这个同盟存在的理由，而美国、英国和苏联，则会把主要精力放在大西洋和欧洲。日本可以维持自己亚洲大国的地位，但不会再受排斥。中国问题仍会存在，但可以和国民党逐步达成某种谅解（近卫相信，与重庆媾和将是日美修好的重要内容）。

　　对日本军部或松冈来说，这项计划太过激进，以至无法接受。对其而言，回到与美国合作的框架，是和轴心国同盟不相容的，还意味着放弃建立亚洲共荣圈的计划。显然，他们是对的，而近卫要求他们调整思维，以适应国外形势的剧烈变化。不过，从军部的观点看，这一调整相当于屈就美国的压力，视

---

　　①　Yabe Teiji, *Konoe Fumimaro* (Tokyo 1952)，2：299.

　　②　Ibid.，2：308.

在中国的战争为无望之战并放弃之。他们无法这样做而不使颜面扫地并丢掉处理内政的特权。此外，一些陆军的战略家判断，世界正向最终分裂为两大交战阵营发展，一方是日本、德国和意大利，另一方是美国、英国、苏联和中国。在这种形势下，有人认为，日本要改换阵营已为时太迟；日本必须做的，是为一触即发的世界大战考虑最合适的战略。然而，此时此刻，日本人未能形成共识，以对形势做出迅速反应。一些人主张和德国联军进攻苏联，摧毁形成中的反轴心国同盟的一角。但大多数战略制订者力主慎重，担心在北方太过冒进，会吸走中国和东南亚的资源。事实上，对苏联的持久战本身，就要求扩张南方的帝国，为进行战争确保持续的原料供应。因此，对日本而言，最佳战略即对苏联引而不发，备战而不开战，直至德苏冲突的走向变得更加明朗。这是一个机会主义战略——如日本人所言：坐等"柿子成熟"。海军则不愿立即在北方开战。它仍以专心向南扩张为第一要务，只同意备战苏联。这里，再一次必须考虑的基本因素，是世界大战的可能性。正如海相指出，帝国海军或许可以和英美一战，但对付不了英美苏的联合。所以，最好不要激怒苏联，使苏美同盟成为事实。

相反，外相松冈坚持要迅速调头向北，废除他自己和苏联谈下的存在了两个月的中立条约。德苏战争显然意味着他的宏大构想失败了，但他绝没有气馁，他考虑，轴心国同盟必须高于同苏联的协定。他比陆军走得更远，主张立即对苏宣战。他坚信，德国不久将打败苏联，还将在同年末打垮英国，使美国来不及插手。因此，日本应不失时机地进攻苏联。这不会有美国干预的风险，而向南扩张则有这一风险。如果日本等得太久，一个英美苏同盟就会结成，日本将变得更加孤立。所以，

142

要做的事情是在这一同盟稳固建立前有所行动。松冈正确预见到，日本的南进将最终导致和三国开战。然而，松冈并未就此打住，他推想，日本因此应调头北进。无所作为于事无补，还会给轴心国同盟造成无可弥补的损失。①

如此看来，陆军、海军和外相的观点都有些道理。事后回顾，他们在6月最后一周里无休无止的讨论，是战前日本战略的高潮。军部内部和在政府最高层面的认真严肃的讨论，均反映了一种紧迫感。日本最高领导层认识到，世界正处在关键的转折点上，日本的决定将对欧洲和亚洲战争的走势产生重大影响。6月26日到7月2日，他们一直在争论日本要采取的下一步行动。他们深思熟虑的结果，是在7月2日举行的御前会议上采纳的决定性的政策文件（"基本国策纲要"）。根据这份备忘录，日本要"建立大东亚共荣圈，不管世界形势如何变化"。更具体地说，日本要集中精力解决对华战争，准备向南扩张，并设法解决"北方问题"。也就是说，南进和北进战略要同时进行；谁先谁后依形势，尤其视欧战的进展而定。不过，文件提到一项在6月25日由要求日本在南印度支那驻军的联络会议做出的决定，对南进有更具体的说明。7月2日的备忘录声称，这一行动是备战美英的一部分。②

换言之，从6月底、7月初的反复商议中产生的政策，同时结合了延伸日本的势力至南印度支那的决心和备战美英苏的考虑。由于日本已在和中国打仗，可以想见，日本将以一敌四，很可能还要添上印度支那和荷属东印度。这种转变正是日

143

---

① *Matsuoka Yosuke* (Tokyo 1974), pp. 1020 – 7.
② Defence Agency, War History (ed.), *Daihonei rikugunbu* (The Army Supreme Command; Tokyo 1968), 2: 305, 309 – 18.

本力图避免的，而且很明显，他们仍然相信，只要以闪电般的速度在南印度支那牢牢确立日本的权势，就能阻止此事发生。如果这能在不招致外来干涉的情况下付诸实施，那么日本就能成功地扩张自己的帝国，并且如有必要，在打全线战争时处于更有利的地位。

回想起来，这一决定背后存在逻辑错误。由于日本的所有派别都同意必须阻止一场对抗所有潜在敌人，尤其是美国、英国和苏联联合力量的战争，那么本应尽一切努力分清轻重缓急，在同一时间里，专注于准备对付一个敌人。松冈看清楚了这一点，他徒劳地劝说他的军人同僚们将计划好的入侵南印度支那一事改弦易辙，他准确地预见到，这么做将最终导致和英美的战争。与此相反，他认为与德结盟的逻辑，决定了日本应首先全力打对苏战争。如果日本按此行事并延后进入南印度支那六个月，它将处于远为优越的战略地位。可是，大本营已准备好侵入印度支那，要扭转这项决定已太迟了。在7月2日的御前会议上，陆军参谋总长杉山元将军解释说，进入印度支那将切断重庆和英美的联系。要是美国、英国和荷属东印度以禁运报复，日本就做出回击，正式向中国宣战，剥夺这些西方国家在中国的租界和定居点。同时，日本要继续做可能和苏联开战的准备。但是，杉山指出，在日本从事向南扩张和了结对华战争的关头，最好不要卷进这场冲突。海军作战部长永野修身大将补充道，为使日本做可能和英美荷三国军队交战的准备，向南扩张是必须的。枢密院长原嘉道重复松冈的主张，断言日本应避免与美开战，转而和苏联打。这是因为或迟或早，日本都必须要和苏联在全世界奉行的共产主义政策做斗争，然而却没有和英美打的充分理由。尽管各执已见，但与会者没有更改基本文件，同时以向南扩张和备战苏联为目标。

关于后者，大本营实施了一项动员计划，在中国东北集结了多达 16 个师团（约 85 万人）的兵力，使之保持战备，以待预计在 9 月 1 日左右来临的对苏战争。这是在假定，西伯利亚的苏军至少有一半要被调往对德前线，留下 15 个师左右面对日本。不过，日本人不久发觉，留在东西伯利亚的苏军远比预想的多得多，所以日本的兵力也必须相应增加。这一切都需要时间，7 月中旬的时候，参谋本部已在担忧，对苏联的攻势要过了冬季才能实现。苏联政府的瓦解，或苏联人被德军击溃，似乎并非近在眼前，所以如果战争即将来临，日本就必须面对兵力未经大减的苏军。不管怎样，陆军高层认为，日本必须抓紧备战苏联。①

鉴于这些发展，日本领导层本可推迟进入南印度支那，以防招致英美报复，增加与其开战的风险。可是，在 7 月 3 日，关键的政策大纲得到批准的次日，陆军发布了一项作战命令，要求日本军队进驻南印度支那。进入要"和平"进行，也就是说，要先和法国政府达成协议；但如他们拒绝，就采取军事行动。无论何种情况，占领南印度支那要在 7 月 24 日左右实现。英美干涉的可能性未被考虑。正如杉山将军对天皇所言，陆军预计英国不会干涉；如果要流血，那也是和法国军队战斗。至于美国，不能想象它会插手，除非英国介入，而这被认为是极不可能的，只要日本将行动局限于印度支那，或最多至泰国和缅甸。

145

① *Daihonei rikugunbu*, 2：338，353 – 4.

　　换言之，日本是在两线出击，尽管日本的战略家们承认，不可能和苏联、中国、美国、英国的联合力量开战。对这种前后不一，只有一种解释，即日本人相信无论备战苏联还是向印度支那扩张，都不会增加战争的风险。十有八九，大本营认为，近期来说，德苏之战是世界上的主要斗争，其结果将决定日本、美国和英国是否会卷入一场亚洲的冲突。即使和后面这些国家的战争迟早要发生，由于已把印度支那并入帝国，日本将处于更加有利的地位。情况仍然是，日本未作努力使苏联和英美保持分离。这需要向这方或那方做出让步，但考虑到 7 月2 日的决定，现在这么做是极其困难的。

　　此时，日本针对美国采取的唯一主动措施，是外相松冈的辞职和 7 月 18 日成立的近卫新内阁的组建。在近卫首相看来，内阁改组，尤其是丰田贞次郎大将取代松冈，是有意向美国示意。前面提到，近卫想在德国侵苏后调整日本的政策，但却无能为力，并接受了 7 月 2 日的决定。尽管如此，他还是对阻止美苏联合，使日本专务对苏战争抱有希望。在这点上，他和松冈不谋而合：两人都更倾向于推迟进入南印度支那。不过，势头一起，他们都无力阻挡潮流。形格势禁，近卫相信避免和美国爆发危机的最好办法，就是重启华盛顿会谈，表达日本与美谅解的诚意。正是在这一背景下，近卫设法让松冈辞职，因为后者已成了日本固守轴心国条约，阻碍日美谈判的象征。为了不让松冈难堪，近卫内阁在 7 月 16 日集体辞职，两日后，第三届近卫内阁成立。

　　事后看来，要弄清松冈是否应为与美和解的失败负全责，并不是件容易的事。毕竟，他已在强烈要求推后南进战略，而且他仍然对日美以某种方式在太平洋和平共处持乐观态度。但是，他是轴心国条约的缔造者，在华盛顿极受怀疑。此外，即使谈及和苏联交战的可能性，也不会安抚美国官员。相反，他们表达了对这一可能性的强烈关切：显然，日本进攻苏联领土，会迫使后者两线作战，并可能导致德国获胜。由于这些原因，松冈在华盛顿是一个不受欢迎的人物，近卫感觉到了这一点。通过组建新内阁，他希望能和美国继续谈判，改善太平洋两岸的关系。其想法是，华盛顿将视松冈辞职为近卫对美的善意姿态，并有心报答。

不幸的是，此策不灵。新内阁——除了四位前任内阁大臣，所有成员均得保留——组建后的三日内，大本营向近卫提出了三项要求：遵守 7 月 2 日的各项决定，立即实施南进和北进政策，秉持轴心国同盟的精神。这些要求等于是要近卫批准在进入南印度支那的同时，动员军队准备对苏战争的双重政策。首相顺从地答应了，于是从一开始就使自己与美修好的努力付诸东流。他和他的辩护者们随后会为此举辩解，声称他希望延迟和苏联的战争，遂应允进入印度支那，将军部的注意力引向南方，同时重启在华盛顿的谈判，使南进战略同遭制止。若是如此，他相信军部的理智和美国的灵活性，则过于幼稚了。结果，占领印度支那将按计划进行，而美国会立即报复。[①]

不归之路

7 月的最后十天，是决定日美关系未来的关键。7 月 21日，副国务卿萨姆纳·威尔斯就已警告日本人，占领南印度支

---

① Yabe, Konoe, 2：326.1.

那和两国间正进行的谈判是相抵触的。通过"魔术"——已
147 投入使用的密码破译装置，美国官员已知晓日本占领南印度支
那的意图，他们相信这一行动将严重影响东南亚局势，必须予
以抵制。一月前德国侵苏后，美国的政策已变得相当明确有
力。美国欢迎这个新变化，罗斯福同意丘吉尔的看法，用后者
的话说，"任何与纳粹斗争的个人或国家，都将得到我们的帮
助"。① 华盛顿政府立即着手计划将租借援助延及苏联，同时，
罗斯福解冻了部分苏联在 1939 年年底入侵芬兰后被冻结的资
产。"如果俄国人能抵挡住德国人直至 10 月 1 日"，他说，
"那将对打败希特勒意义重大"。就此而言，总统想制止日本
对苏联的任何进攻，他在 7 月 4 日的一封私人信函中警告近卫
首相，任何这样的行动都将危及华盛顿的谈判，损害太平洋的
和平。②

总之，在欧战中，美国已把自己视为和苏联利害相关。它
可以帮助后者，向它运送援助物资，挫败日本利用德国的攻势
从后方进攻苏联的企图。以此而论，日本的南进值得欢迎，因
为这可将资源调离北方，减少日苏战争即将爆发的可能。然
而，罗斯福政府没有坐视日本占领印度支那，而是决定在日本
前进的道路上设置障碍，从而事实上扼制日本南北两向的选
择。主要手段是经济上的，特别是冻结日本在美国的资产。正
当美国解冻苏联的资产，使后者能与德国作战时，它使日本无
法获得资金在美国购买物资，尤其是紧缺的石油。但是，美国
没打算完全停止对日出口。罗斯福、赫尔、威尔斯等人的想法

---

① Robert Dallek, *Franklin D. Roosevelt and American Foreign Policy, 1932 – 1945* (New York 1979), p. 268.

② Ibid. , p. 278 – 9; Yabe, *Konoe*, 2: 308 – 9.

是，今后日本无论何时想购买美国商品，都需有出口许可。另外，少量的低辛烷汽油仍可售予日本，以免给了后者进入荷属东印度的借口。① 不过，这些手段的目的一目了然。美国要采取行动，既不让日本进攻苏联，也不让其占领南印度支那。这一警告明确传达给了东京，不使其对美国动了真格的有丝毫怀疑。如果还需额外的证据，美国和冰岛7月7日的协议就是明证。它授予美军在冰岛领土驻军的权利，并于当日执行。这令实现美国军事干预欧战又近了一步。因此，很明显，美国正扮演英国和苏联事实上的盟友，以及德国事实上的敌人。它摆在日本面前的选择是，要么被视为与美国为敌，要么回到谈判桌前，将功补过，赢得美国的好感与贸易。

148

近卫本应认真对待这一警告，但他过于软弱，未能力挽狂澜。7月14日，日本向维希政权发出照会，要求在南印度支那驻军的权利，五日后，新任外相丰田给维希定下了7月23日的最后期限。不待维希政权反应，大本营决定实施入侵，在7月24日派遣所需部队的计划就绪。维希政权在23日接受了要求，于是，日军"和平"登陆南印度支那海岸在7月28日至30日实现。作为报复，7月25日，美国下令冻结日本的资产。次日，英国和菲律宾效法，7月27日，新西兰和荷兰也照做了。ABCD四强实际上形成了对日本的包围。

为何日本的领导层不能料到这种情况？美国已给了东京充分而直截的警告，让其断了占领印度支那的念头，可是文官政府和军部都未当真。外相丰田在7月24日宣称，他认为即使在冻结日本的资产后，美国也不会对石油完全禁运，不管怎

---

① Dallek, *Roosevelt*, p. 274.

样，他希望美国有兴趣重启华盛顿的谈判，以调整外交关系。而军部的推断似乎是，只要日本就此打住，占领南印度支那不会给美国开战的由头；日本尚未有入侵新加坡、荷属东印度或菲律宾的图谋，所以美英不会采取将使危机再次升级的激烈行动。当然，这种自以为是，因美英荷三国的一系列反措施而遭受猝然重击。此外，美国采取行动来巩固对中国的进一步支持。由于日本控制整个印支半岛是为了切断重庆和外界生死攸关的联系，美国的反制手段是在重庆建立军事顾问团。这个决定在 7 月 3 日就已做出，但起初它是为了监督租借计划的执行。不过现在，它有了更多的军事意义。还有，7 月 23 日，总统批准了志愿飞行员驻华，他们由约 100 名克莱尔·陈纳德麾下的飞行员组成，将为中国空军驾驶 500 架飞机。同一时间，罗斯福总统决定征调菲律宾陆军为联邦政府服役，并为群岛的防御创建新的远东司令部。①

149　　根据这些有决定意义的行动，结论只能是，日本的首脑们严重误判了美国对再次改变现状进行抵制的决心。由于他们的自以为是，他们便使得 ABCD 同盟进一步巩固了，现在还添上了苏联。从此以后，日本为一方，ABCD 四强为另一方的冲突的态势比先前更加明了，以至于如果要避免战争，日本就必须设法破坏此同盟或者加入它。日本两者都没做。

　　美国的严厉手段对日本的政策至少起到了一个效果。东京大本营对针对苏联打一场胜仗的前景，感到越来越不乐观。鉴于日美关系的恶化，日本必须准备应付东南亚的重大危机，这场危机能引起和 ABCD 四强的战争。面对这种形

---

① *Daihonei rikugunbu*, 2: 362 - 3, 398 - 9; Yabe, *Konoe*, 2: 329.

势，哪怕是鼓吹北进战略的死硬派，也开始表现出犹豫；又由于德国对苏联的进攻不如最初料想的那样顺利，情况就更是如此。尽管有这些担忧，参谋本部还是继续按计划在中国东北部署了 16 个师团，将其集中在西伯利亚边境。不过，他们要避免会招来苏联报复，进而导致战争的挑衅行为。由于先前可能对苏联发动的进攻被安排在 8 月初，这一紧随美国经济制裁而来的提醒，意味着不可能实施北进战略。8 月 9 日，陆军大本营正式接受了无奈的局面，得出近期不可能和苏联开战的结论。正如参谋本部的推断，德国在年底打败苏联的希望十分渺茫，同时，对美关系的形势正日益严峻。换言之，国际环境自 7 月 2 日以来已有了变化，因此那天（7 月 2 日）采纳的方针已不合时宜。①

于是，7 月 2 日到 8 月 9 日，日本的战略发生了关键性转折。原本是筹备即将对苏联发动的攻势，现在大本营新在北方摆出比较消极的姿态。16 个师团仍然会动员，但他们暂不参与任何行动。此后，日本的战略集中在和 ABCD 四强爆发冲突的可能性上。以此而论，对日美关系来说，8 月 9 日可视为一转折点，此后日本即走上了不归路。

通过发起有实无名的石油禁运，美国促成了事态的转变。7 月 25 日宣布冻结日本的资产后，为建立机制执行这项命令，国务院、财政部等机构进行了为期一周的紧张工作。得到罗斯福首肯的这一构想，就是要让日本人申请出口许可，每项许可要分别审查，然后所需资金会从被冻结的日本资产中释放，供购买物资之用。石油也要依此办理。但处理许可申请和释放资

150

---

① *Daihonei rikugunbu*，2：378.

金颇费时日，而且是由助理国务卿迪安·艾奇逊监管，艾奇逊拒绝解冻资金，作为对日本向南扩张的惩罚。① 结果，7月25日后，日本再也没有得到一滴石油，甚至罗斯福也是直至9月初才发现此事。但日本人对此不抱任何幻想。他们现在意识到，彻底的石油禁运已成事实。日本的战略现在必须考虑这一变化。

和美国发生致命冲突的预感，在8月的头一周渐渐强烈。参谋本部的军官们开始谈论即将和英美开战，首相近卫本人则告诉陆相和海相，事到如今，"我们离大战只有一步之遥"②。他们考虑，美国的石油禁运将逼迫日本在东南亚寻找另外的供应来源，为此必须通过军事行动将此地区并入帝国。但这一行动必将把美国、英国与荷兰拖入战争。因此，日本必须准备和美英荷打仗。石油禁运被视同战争行为，日本要以牙还牙。

至少，日本人小心翼翼地避免两线战争，他们不会在准备同美英荷打一场新的战争的时候侵犯苏联。但他们承认，要将这些国家分开是白费力气。它们被看作一个团结的同盟，以至于日本不得不设想同时和它们交战。战争预计在11月底或12月初来临。这是因为美国的完全石油禁运，使日本必须在海军的石油储备枯竭前行动。也就是说，日本的战略家们最多只有四个月的时间来制订进攻计划。

考虑到让对苏战略半途而废的仓促决定，以及美国突然以经济制裁打击日本，这不是一项容易的任务。虽然预想到和联合的 ABCD 四强开战已有一段时间，但截至8月初，还没有统一陆海军思想的全局性的总体战略。每个军种都已绘制出自己

---

① Jonathan G. Utley, *Going to War with Japan*, *1937 – 1941* (Knoxville 1985), pp. 154 – 5.

② *Daihonei rikugunbu*, 2：376.

的蓝图，但二者却未能达成一致。7月底骤至的危机，迫使陆海军认真地改换思维，以制订出详尽综合的进攻计划。不过，直到9月6日，这一计划才被最高层采纳。

在此不必详细追溯陆海军战略思想的变化。重点在于，到1941年8月，陆海军已预见到囊括整个东南亚的"南进战略"：菲律宾、荷属东印度、印度支那、泰国、马来西亚、新加坡和缅甸。陆军最感兴趣的，是首先进攻马来西亚，以之为进入印度群岛的跳板，而海军则更想进攻去往荷兰帝国途中的菲律宾。两种情况下，资源富厚的荷属东印度都是最终目标，但陆军坚信，在缅甸和马来西亚的军事行动，对对华战争的进程有至关重要的影响，而海军关注的焦点是美国，为此，进攻菲律宾被视为头等大事。陆海军思想的差异反映出，前者一直放不下对华战争，而后者则念念不忘对美战争。不过，无论是哪种情况，一项反 ABCD 四强的总体战略正在形成。

正是在这一背景下，海军提出了空袭夏威夷的美国舰队的可能性。陆海军一致认为，与美国的战争所需的海空力量的规模，要远远超过和中国、英国以及荷兰军队的战争，他们承认美国在这方面的固有优势，这个优势能在日本军队正忙于征服东南亚时，在西太平洋引发旷日持久的冲突。由于这个原因，一些人，尤其是联合舰队司令山本五十六大将周围的人，研究了攻击珍珠港的海军基地的可能，目的是摧毁驻扎在那里的舰队。他赞同他的海军及陆军同僚们的看法，即日本不可能打赢一场对美国及其盟友的持久战。当然，有人说什么和西方的"百年战争"，但那不必拘泥于字面意思。即使是那些相信要做长期斗争的人也承认，日本必须乘欧洲局势之利，最有效地利用自己有限的资源，特别是石油。山本的想法是，把赌注压在对夏威夷美国舰队的快攻上，以争得暂时的战术优势，然后利用赢取的时间，在西太平洋和南太平洋建立更加稳固的帝国。8月22日，海军的战略制订者向其陆军同僚们提出了珍珠港战略，后者同意了，而且也敲定了为在马来西亚、菲律宾和印度群岛用兵而动员部队的详细计划。①

然而，哪怕时至今日，关于日美冲突，陆海军似乎还有分歧。尽管海军现在有了袭击珍珠港的具体方案，但它拒绝对一场对美战争全力以赴。海军的态度是，如果战争不可避免，那么上策是首先攻击美国舰队，但战争绝没到必不可免的地步。很大程度上，这还要看欧战的发展和华盛顿的外交谈判。而陆军则已得出结论，外交是无望的，应直面迫在眉睫的战争。动员需要时间，至少一个月，一旦开始，就极难回头。因此，陆军想要政府拿出某日和美英荷开战的清晰策略。显然，关于有可能和美国达成的妥协，陆海军的看法有重大差异。海军大体上强调恢复石油进口，这样，若美国同意，开战的主因就消失了。可是，对陆军来说，重获石油是不够的。远为切中利害的，是日本对中国和东南亚的控制，也就是东亚的新秩序。由于美国根本不可能彻底改变对中国或其 ABCD 同盟的支持，如果日本决意坚持自己的亚洲秩序的计划，就不得不开战。

似乎是为了证明同盟得到了巩固，8月9～14日，罗斯福和丘吉尔在纽芬兰附近举行了会晤。大西洋会议加强了两国的战略纽带，尽管公布的会议成果仅仅是《大西洋宪章》。罗斯福总统不愿如丘吉尔希望的那样对德宣战，担心分裂国内舆论；但他坦诚地讨论了美国如何才能最好地帮助英国打败德国，并阻

---

① *Daihonei rikugunbu*, 2: 410, 418.

止日本的干预。关于第二点，丘吉尔建议美国、英国与荷属东印度同时向日本发出警告，大意是日本对西南太平洋的进一步侵犯，将令它们采取反制措施。这些警告将正式确立美英荷同盟，并使日本面临要么原地不动，要么冒和三国开战风险的严峻选择。虽然日本原地不动仍然意味着待在中国和印度支那，但至少这使西方国家能专心致志地应对大西洋战区。罗斯福及威尔斯率领的美国代表团原则上同意这一想法，但也相信和日本最终摊牌的时机还不太成熟。美国的战略是，通过保持强硬的立场避免和日本的战争，但不贸然引发会在短期内导致战争的危机。其间的界限非常微妙，但罗斯福和威尔斯相信，严厉的经济制裁，加上大西洋会议这一事实本身，将制止日本人莽撞行事。

最后，美国和英国代表团就一份罗斯福总统将传达给野村大使的声明达成一致，告诫日本"美国将采取各种手段"报复日本的进一步军事行动，"尽管总统认识到，采取这些进一步措施可能导致美国和日本的战争"。这份措辞相当拙劣的声明，并没让美国明确承诺在日本入侵英国与荷兰在亚洲的领地时参战，但它表明会有更多制裁手段反对这种侵略。与警告将构成三国政府同时行动的一部分相比，警告的内容不是那么重要。英国和荷兰政府将发出类似的警告，这样日本人对三国同盟团结的破裂将不存幻想。在会议结束后发布《大西洋宪章》的时候，这一点得到了强调。正如英国副外相亚历山大·贾德干指出，对日本的警告，"必须与联合声明合起来解读，这将给日本人沉重一击"。① 这是因为大西洋宪章成了一份两国的

153

---

① *The Diaries of Sir Alexander Cadogan, 1938 – 1945*, David Dilks（ed.）（New York 1972），p. 397.

共同原则的声明——这些原则，它们暗示，也将得到那些和法西斯强权做斗争的国家的拥护。

鉴于其象征和战略意义，宪章值得我们详细审视。它由八项两国"国家政策的共同原则"组成，"它们在上面寄托了对世界的更美好未来的希望"。第一项，"他们的国家不寻求领土或其他方面的扩张"。表面上这只是一个简单的声明，它不仅试图将英美为了和平与纯粹防御性的战争目的与轴心国的侵略行径作尖锐对比，还向其他交战国，尤其是苏联发出信号，即它们同样不应追求领土扩张的战果。在第二项里，这一点被进一步强调，该条声称，"与有关人民自由表达的意愿不相符合的领土变更都不应进行"。这一原则会将德国、意大利和日本强加于邻国人民的领土变更一笔勾销，但又潜在地有引起麻烦的可能，因为苏联预计会在欧洲和亚洲寻求变化，以加强自身安全。第三项，英美"尊重所有民族选择他们愿生活于其下的政府形式之权利；它们希望看到曾经被武力剥夺其主权及自治权的民族，重获主权与自治"。这是人所熟知的自决原则，现要用于那些"被武力剥夺了"这些权利的民族。其本意是指被轴心国武力奴役的欧洲和亚洲民族，但也可用于台湾和朝鲜这样的地方，可以认为，那里的本土人民是被"武力"置于日本的治下。当然，日本人也可根据同样的原则——正如他们将在战争期间所做的那样——主张，英美荷三国自身如忠实于这一原则，就必须恢复其殖民地的主权。不过，在1941年当时的情况下，第三项是要向被占领领土的人民保证，在民主国家的领导人心中，他们的权利是头等大事。

154　　　第四项原则就许多方面来说是最重要的："他们要在尊重他们现有义务的情况下，努力促使所有国家，不分大小，无论战胜者或战败者，都有机会在同等条件下，为实现它们经济的繁荣，参加世界贸易和获得世界的原料。"这是一个了不起的经济国际主义宣言，此条款表示，"经济繁荣"是所有国家的共同目标，而实现这个目标，要求向它们开放全世界的资源和市场。声明铿锵有力地重申了那些在整个 30 年代被许多国家颠覆、歪曲或抛弃的原则。在这方面，美国和英国自身难辞其咎，所以两国领袖赞同此条款，意味着其政府愿意主动使世界经济回归大萧条前大行于世的更加开放的环境。英国政府不愿承诺全盘恢复国际主义；预想中，1932 年有关帝国特惠制的渥太华协定，在可见的将来依然是战争劫难后的经济保护框架。添加"在尊重他们现有义务的情况下"的条文，就是考虑到了这一点。不过，此条款总体来说清晰地表明，美国对"门户开放"的重新强调，将在战后的世界再次成为指导原则。同样重要的是，声明保证，即使是轴心国，也无须担忧在战后陷入贫困，或被剥夺发展经济的机会。由于德国和日本发动侵略的理据，是自视为"一无所有"国家，《大西洋宪章》试图让其放心的是，它们在战后将平等地享有开展贸易和获取原料的机会。尤其对日本来说，申明此原则就是在向其承诺，如果它停止侵略行为，放弃建立排他的亚洲帝国的计划，它将获得所需的石油、铁及其他所有原料。

宪章的下一条款延续了第四项条款的经济主题，并坚定承诺，两国希望"在经济领域内促成一切国家之间的最充分合作，目的在于使所有国家改善劳动标准，发展经济，享有社会保障"。这是一项有趣的声明，因为它再次主张传统的自由主义原则，但由于大萧条期间的资本主义经济危机，这些原则以改头换面的形式出现。政府必须关注劳动标准和社会保障的思想比较新颖，不是古典自由主义的固有内容。但是，在美国和英国，经济危机的灾难性后果使人们认识到，国家必须致力于改善劳动条件，关心所有人的福利。某种意义上，由于人们认为像德国、日本和苏联这样的非自由主义国家是在非民主的框架下追求这些目标，这一承诺变得更加有力。这些极权主义国家通过社会福利计划，似乎成功地争取到大众的支持，如果民主国家想迎接它们的挑战，也必须实行类似的计划。

第六、第七和第八项条款试图明确在"最终摧毁纳粹暴政后"到来的"未来和平"的具体形式。虽然没有提到日本，但显而易见，只有在其帝国主义同样被消灭后，才会有和平。罗斯福和丘吉尔宣布，紧随击败轴心国而来的和平，必将"使所有国家能在其境内安然自存""保障所有地方的所有人在免于恐惧和不虞匮乏的自由中安度一生""使所有人能够在公海上不受阻碍地自由航行"，并"减轻爱好和平的人民的不堪忍受的军备重担"。这是一份关于将在战后主导世界的集体安全原则的意义深远的宣言。和一战后的集体安全原则一样，这个新版本强调国境的不可侵犯性、军备控制和航行自由。《大西洋宪章》补充道，这些原则将通过"一个更为普遍和持久的全面安全体系"得到实现和捍卫。就其注重领土完整和惩罚违犯者的集体行动而言，这是纯粹的威尔逊主义。和之前涉及经济原则的条款一道，最后三项概括了两国政府的国际主义理想，以及它们使这些理想历经20世纪30年代的灾劫而不灭的决心。

因为《大西洋宪章》本质上是威尔逊国际主义的重申，所以毫不奇怪，当时的观察家们发现它了无新意。一篇在8月底登载于《新共和》的文章，代表了美国公众的典型反应。

"丘吉尔和罗斯福先生所宣称的和平目标"，文章说，"在两国都未煽起热情。其大意要旨早已不言自明"。不过，与此同时，作者注意到，全世界其他国家的人民将为此战争目标的明确主张而欣喜。"被征服国家的人民必将被两个最大民主国家的保证所鼓舞，即它们要解除侵略者的武装，恢复自治。"日本军国主义者"会发现，要说服世界人民相信英美妄图征服，而日本必须为获得原料而战，已变得愈加困难"。[①]

　　这是对《大西洋宪章》的准确解读，但宪章给日本人的印象却未必如此。参谋本部的一名参谋评论道，大西洋宪章等同于美国宣战，八项条款表明，英美强权企图通过维持自由主义所确定的现状，征服世界。其他人对第八项条款给予了特别关注，两位民主国家的领袖在其中声称，"如果那些在国境外从事或可能以侵略相威胁的国家继续使用陆海空武器装备，则未来的和平将无法维持；所以他们相信，在一个更普遍和更持久的全面安全体系建立之前，解除这些国家的武装是必要的"。这听起来像是要解除轴心国的武装，并建立英美的警察力量以维护和平。因此，不管是通过自由主义还是军事强权，美国和英国都将试图继续主宰世界。东京的大报《朝日新闻》以很大的版面分析了《大西洋宪章》。该报的纽约通讯员断言，和威尔逊的十四点原则不同，新的宣言露骨地以仅仅缴敌国的枪为目标，其后果，是美国和英国将在全世界保有警察力量。换言之，他说，宣言等于明确表示两国意欲"称霸世界"。对《大西洋宪章》提到战胜国和战败国都将获得平等的经济机会这一点，《朝日新闻》的通讯员坚称，这不过意指英

156

①　*New Republic*，105.8：239（25 Aug. 1941）.

美资本对世界市场的控制，因为在开放竞争的情形下，两国将成为赢家是无可置疑的。所以，宪章其实宣告了一场美英显然志在必得的战争的到来，并放言要据有战后世界的经济和军事领导权。该报的伦敦通讯员表达了非常相似的看法。[①]

虽然极端，但这些观点帮助日本人解释了他们所陷入的日益深重的危机。正如《朝日新闻》的一则头版消息指出，《大西洋宪章》的目的，是维持"一个以英美的世界观为基础的世界统治体系"。为了巩固这一统治，两个民主国家力图在欧洲孤立德国和意大利，而在亚洲，它们正帮助中国与荷属东印度，阻止其接受日本的政策。而且，英美的领导人似乎有意分裂日本的舆论，从而破坏日本的战备。于是，宪章澄清了英美所主导的旧秩序和其反对力量之间冲突的本质。如果日本人不愿臣服于英国或美国治下的和平，《朝日新闻》指出，那么他们必须有保卫国家的意志，甚至不惜一战。而若要避免战争，日本就必须做好在很大程度上接受英美条件的准备，如果不是全盘接受的话。这里的逻辑一清二楚：日本人被美英将了军，要么回到先前与其合作的框架，或拒绝之，被除轴心国伙伴之外的世界上的其他国家所孤立。他们必须在两者中做出抉择。[②]

日本的陆军首脑们在七、八月一直在叫嚷，国家走到了岔路口，必须在战争和与美修好之间做出选择，他们可说是相当正确。由于和好是不可接受的，陆军推断战争是唯一的选择，而且令其越来越焦躁不安的是，海军在制订战争计划，却不明

157

---

① *Asahi*, 11, 16, Aug. 1941.

② Ibid. , 16 Aug. (evening), 1941.

确承诺予以执行，而文官领导层看起来无法在和战问题上下定决心。事实上，近卫首相这时正琢磨着私人会见罗斯福总统。他视之为阻止战争的最后奋力一搏。要做到这点，日本应甘愿在东亚秩序上做出些妥协，或许这意味着愿意从印度支那撤军。如果经过所有这些努力仍不能达成和解，那么日本人即可说服自己和世界相信，为避免战争，他们已竭尽全力，但终归失败。①

在罗斯福和丘吉尔会晤前不久，近卫将这个计划透露给了日本的军事首脑们。海相及川②立即表示赞同，但陆相东条只勉强给了支持，说陆军尊重首相在最后时刻为避免与美开战做出的努力，但如果努力无效，日本就必须坚决地准备开战。一份给野村大使的电报在8月7日发出，要求召开最高层会议。但由于罗斯福即将参加自己的峰会，美国的回应不是即刻可得。留在华盛顿的赫尔国务卿告诉野村，他不认为美国总统和日本首相有必要举行这一会议，除非日本的政策将有大变。从阿真舍湾返回后，罗斯福立即向野村发出他向丘吉尔承诺过的警告。措辞做了某些改动，并未包含紧要的一句，即"尽管总统认识到，采取这些进一步举措会导致美国和日本之间的战争"。相反，罗斯福警告道，日本的进一步侵略行为，将迫使他采取措施"确保美国的安全和防卫"。与这条信息一起传达的，是与近卫会面的意向，只要日本暂停其"扩张活动"，同意以美国主张的原则为基础的太平洋的"和平方案"。这些方案和原则实质上是总统刚刚在《大西洋宪章》中阐明的。

---

① Yabe, *Konoe*, pp. 338-40.
② 及川古志郎。——译者注

也就是说，罗斯福坚决要求日本回归自由国际主义，如果它真心渴望与美国恢复和睦的话。

158　　鉴于罗斯福的这一立场，近卫的计划自始就注定失败。然而，8月的下半月中，两位领导人保持交流，并就最高层会议的可能性谈了许多。这是因为双方出于不同原因，显然都避免摊牌。日本人不至于接受《大西洋宪章》的全套原则，视之为对美国传统信念一厢情愿地罗列，罔顾其他国家的特殊需要。正如日本政府在8月28日给华盛顿的信件中指出，某些如美国这样经济和地理优势得天独厚的国家，应对其他国家给予更多理解，并与后者合作，更公平地分配物质资源。日本，换言之，是在为其生存之需和安全而战——由于ABCD四强的合围，它发现实现这个目标正变得越来越艰难。不过，尽管有这些困难，近卫相信折中妥协是有希望的。由于时机已晚，近卫相信只有他和罗斯福个人面谈，才能缓和危机的气氛，或许还能带来更加稳定的跨太平洋关系。

罗斯福总统本人对和近卫举行峰会的想法感兴趣，但不一定是因为他相信可以实现危机的永久解决。对他来说，放弃基本原则是不可思议的，但和近卫会面，至少能为美国军队更好地备战争取时间。可是，总统的热情被赫尔浇了冷水，赫尔坚信除非预先讨论一些基本问题，否则举行峰会毫无用处。另外，他生怕会议有可能影响ABCD同盟的团结，使中国在绝望中倒向日本人。如果中国人感到他们被美国人出卖了，赫尔相信这一后果并非不可想象，甚至还会使日本军队从中国解脱出来得以南下。

当时，这些担忧看起来不无道理。《大西洋宪章》公布之时，中国外长郭泰祺宣称，"中国相信，最终消灭侵略势力的最速之道，乃首先收紧日本自己一手造就的包围圈，击败日本"。这绝好地表达了中国对依靠 ABCD 同盟的包围战略的信念。然而，正因如此，对美国人和英国人似乎只顾自己的双边会谈，而不对他们推心置腹，中国人感到有些不快。据重庆的英国大使克拉克·科尔报告，蒋介石"正感气恼，因为宣布（《大西洋宪章》）后即向斯大林发出联合声明，却没有给他发，蒋提出，中国抵御日本的进攻，正与苏联抵抗纳粹的攻击同等重要，他理应被大书一笔"。这种抱怨从未间断，但当听闻罗斯福从大西洋会议归来后竟与日本官员保持接触，中国人感到极为不安。对美国"出卖中国利益"，以换得太平洋暂时太平的忧虑是真切的，这次，轮到英国人来向中国人担保不存在这种可能性了。正如常务外交次官理查德·劳在8月底对中国驻伦敦大使顾维钧所说，"难以想象美国会有任何出卖中国利益的念头"。恰恰相反，"荷属东印度、澳大利亚、美国，甚至中国自己，都加入了与同一敌人的斗争，尽管没有同盟之名……不管是在欧洲还是亚洲，我们都在打同一场战争，欧洲的重大事件对太平洋就像对欧洲一样具有决定意义"。[①]

159

　　由于中国人敏感于任何 ABCD 同盟受到削弱的迹象，美国政府不得不在考虑罗斯福和近卫的峰会时谨小慎微。不过，如果日本方面能全力支持近卫，愿意对其亚洲政策做重大修改，美国有可能举行会议。事情并非如此，说到底，峰会的流产必须归因于日本不愿改道而行。

---

　　① Utley, *Going to War*, p. 159; F 10904/280/10, F 136/280/10, F 8490/60/10, Foreign Office Archives.

日本的战争决定

正是在 1941 年 8 月底、9 月初关键的几周里，日本领导层最终决定开战。尽管近卫及其支持者想通过近卫与罗斯福会面拼命避免和美国的危机，大本营的陆海军部门开始了一系列密集讨论，以就备战美英荷的时间和规模做出一致决定。上文提到，海军相信可以在国家不做开战决定的情况下备战，而陆军以为毫不含糊的开战决心是动员必要力量的先决条件。累日开会之后，双方最终在 9 月初达成妥协。大致安排是，日本应在 10 月底前完成备战，如果到 10 月上半月仍不能实现外交解决，就决定开战。也就是说，备战完成即要开战，但同时继续进行外交努力，寻机避免战争。陆军和海军的观点在妥协中得到了巧妙的平衡。方案写进了在 9 月 6 日的首脑御前会议上被正式采纳的文件"国策执行大纲"。

这个文件可以视为日本事实上的宣战。它显然在暗示，除非能和美英实现和平解决，否则战争就会来临。文件的一份附录写明了日本能够接受的底线条件；如果这些条件不能满足，接下来就是战争。日本坚持要求：第一，英美不再向蒋介石政府提供军事和经济援助；第二，英美不在泰国、荷属东印度、中国，或苏联的远东省份修建军用设施，不在既有水平的基础上扩充军力；第三，英美和日本恢复贸易往来，并在日本和泰国与荷属东印度进行经济协作时提供友好合作，以向日本提供生存所需的资源。作为对美英做出这些让步的回报，日本愿承诺不再在亚洲进行军事扩张，并"在公正的和平在东亚建立之时"，从印度支那撤军。此外，日本还准备保证菲律宾的中立，并且不对苏联采取敌对行动，只要后者恪守中立条约。

9月6日的大纲被某些人，比如天皇和首相，理解为批准和美国谈判，做最后的努力以避免战争。在当日的最高首脑会议上，以及之前与近卫、杉山和永野商讨时，天皇都强调了这一点。因此，天皇批准大纲，也许是为了促成进一步的外交努力。可是，对军部而言，这些决定显然是战争的信号。参谋本部为9月6日的会议准备的一份文件，最好地表达了陆军的观点。战争被界定为对付美国、英国与荷兰，目的是"将美国、英国与荷兰的势力逐出东亚，巩固日本的自治与防卫圈，在更广大的东亚地区建立新秩序"。该文件指出，日本想和其他亚洲国家建立紧密的军事、政治和经济关系，而英法荷却千方百计地从中作梗。它们以捍卫民主之名维护现状，其实是想阻止日本的成长与发展。如果日本退却，美国的军事地位就会进一步加强，日本就会更加仰美国的鼻息。在这种形势下，战争是不可避免的。陆军的文件坦率地承认了日本开战所面临的困难。美英荷已经和中国组成了事实上的军事同盟，更有甚者，四国似乎都极欲和苏联缔结类似的同盟。换言之，日本有可能在亚洲的北部和南部及中国大陆同时和五国交战。这是一项艰巨的任务，但陆军的文件指出，克成其功并非完全无望，只要日本能够迅速占领南方的战略要点，开发其丰富的自然资源，建立一个长期的自给自足区，并继续与德国和意大利合作，因为料想通过这些行动可以击败英国和瓦解英美同盟。日本人承认这充其量只有微小的可能性，但除此之外，只有一条路，那就是继续无所适从，坐视日本的石油储备日益枯竭，而美国的海军力量将凌驾于日本之上。从而，日本甚至未经一场战斗就

161

置身英美更大的控制之下。由于这些缘故，必须豪赌一把战争。①

海军基本同意陆军的观点。永野向天皇做了说明，日本可以选择无所作为，这会在数年之内致其崩溃；或者大打一仗，并至少有 70% 到 80% 的机会拿下最初的胜利。和美国的外交解决只能带来一两年的短暂和平，这是不可接受的。因此，为建立长久和平，日本必须下决心诉诸战争。要是战争降临，永野在 9 月 6 日的会议上阐述道，日本应迅速攻占资源富庶的战略要地，以建立固若金汤的势力范围，使之成为进行持久战的基地。也就是说，最初的胜利不足以摧垮敌人的意志，却是使国家做好持久战准备所必不可少的。为速取首胜，应尽快宣战。

鉴于以上种种议论和当着天皇的面做出的最终决定，近卫和罗斯福的会谈即使成真，也鲜有机会成功。他必须带回美国的重大让步以令陆海军大本营满意，他还必须在 10 月初就办成此事。9 月 6 日的与会者同意，为了方便近卫做最后一分钟的努力，到 10 月初为止，备战将谨慎从事，避免刺激美国人，但在此之后，必须按计划执行，以在 11 月初开战。于是，一切取决于 9 月 6 日之后一个月内的事态发展。就在当天，近卫和格鲁大使密议，并向后者强调了尽快和罗斯福会面的重要性。美国大使以为然，并向华盛顿发出急电，转达近卫求和平的真诚意愿。但日本军部仍感怀疑。9 月 7 日，陆相东条私下表达了自己的看法，即美国人会坚持要日本公开废止轴心国条约，撤出中国和印度支那，遵守门户开放和在华机会均等原

①　*Daihonei rikugunbu*，2：427 – 9.

则。陆军不会接受这些条件，即使日本欲表同意以赎买和平，和平也不会久长，因为美国会乘机积聚力量并攻袭日本。在这种想法的影响下，连近卫也开始对和罗斯福举行富有成效的会谈的可能性渐感悲观了。[①]

和 ABCD 四强的战争就这样一天天成为现实。陆海军都开始为动员部队做具体的筹备，将此时的目光投向南进战略：同时向香港、马来西亚、菲律宾、关岛与荷属东印度发起进攻。当然，海军还即将敲定袭击美国驻夏威夷舰队的战略。多路进攻相结合，预计将"摧毁英美在东亚的主要基地"，同时将创造"自立和安全"（autonomy and security）的态势，这将随后使日本"征服中国"。在向南进攻的过程中，陆军大本营指出，日本有一项有利条件，即当地居民因久受白人的压迫，对日本产生了友好的情感。因此，美英荷三国会发现难以抵挡日本的攻势。不过，前者可以通过怂恿苏联在北方活动，分散日本的兵力。要杜绝这种可能，日本的南方攻势须在即将来临的冬季取得速胜，因为在寒冬时节，在北方无法进行大规模的军事行动。所以，战略是从中国移调若干兵力和资源，以在东南亚迅速行动，同时不放弃在来年春季发起北方战役的可能。日本人希望，整个南方攻势将持续约五个月，到那时，日本军队将完成对菲律宾、马来西亚、荷属东印度、英属婆罗洲、关岛和香港的占领。[②]

大约在此时，大本营开始认真研究对所占领土的管理。日本人意识到，占领东南亚遇到的问题和占领中国不同，参谋军官已被派往东南亚，就近观察当地的情况。为对该地区做经济

---

① Yabe, *Konoe*, p. 365.

② *Daihonei rikugunbu*, 2：447–54.

规划起见，规划司的官员们已搜集了一段时间的资料，考虑到美国禁运后矿产供应的快速耗减，他们越来越坚持早打的决定。

163 战争，也即意味着除了中国，还要和美国、英国与荷兰作战。除非日本和美国达成某种协议，战争才能避免，但这一协议不再可能是双边安排，因为美国已比往昔更坚定地忠实于和反法西斯国家缔结的同盟，以至于它的谈判立场必须容纳英国人、荷兰人、中国人，以及美国人都能接受的立场。因此，中国势必继续成为日美分歧的关键。

在美国人看来，与日本达成的任何谅解如不包含后者从中国撤军的承诺，就毫无意义。上文提到，国务院对近卫—罗斯福会谈这一想法反应消极的根本原因，是担心这会将中国迫离ABCD同盟。罗斯福向野村大使反复申明，和日本的任何协议必须得到英国、中国及荷兰的支持。而中国人绝不会接受任何低于日本撤出中国和遵守赫尔四原则的条件。在整个至关重要的9月，罗斯福和赫尔都向日本人讲得非常明白，美国的立场不会动摇。野村显然了解这一点。正如他在9月12日给东京的电报中所说，日美谈判中的主要困难，在于后者强调日本从中国撤军，这是美国的舆论和中国政府都执意要求的。大使暗示，和美国达成协议的唯一途径，是明确承诺在两年内将军队撤离中国。他正确地判断出，中国问题是主要障碍。为了让中国人安心，即东京和华盛顿没有背地里谈判，出卖其利益，也为了尽可能为美国军队争取备战的时间，美国必须一再提起日本在中国的问题。①

---

① *Foreign Relations of the United States*：*Japan*（Washington 1943），2：571-2. 588-91.

　　日本人认识到了这一点，9 月 13 日，联络会议讨论了关于中国的可接受的最低限度的条件。条件包括日本继续在内蒙古和华北的某些地区驻军，以实现两国在维护秩序和安全、反对共产主义及其他颠覆活动上的"合作"。日本愿意从中国其他地区撤军，支持蒋介石和汪精卫政权合并。当然，"满洲"仍然保持独立。为"开发和利用国防所需资源"的经济合作将成为现实。也就是说，日本将继续保有在华的特殊地位，在陆军眼中，这是不可放弃的。如果美国拒绝这些条件，那么日本必须下决心开战。[①]

　　同样，这些条件是美国显然不能接受的。尽管言辞有所修 164 改，当这些条件在 9 月 23 日被传达时，美方无动于衷。在 10 月 2 日和野村的一次会谈中，赫尔毫不客气地告诉大使，他看不出举行峰会有何价值，并重申了四项原则。再一次，中国是关键的问题。日本在这点上不做出更多让步的话，根本没有可能和美国达成协议——这一可能必然意味着战争。因此，如果要避免战争，近卫内阁必须设法说服陆军承诺撤出中国，事到如今，这个要求是异想天开。于是，日本陆军抓住赫尔 10 月 2 日的话，认为这实际上是对和平努力的拒斥，并强逼近卫放弃峰会的想法。如陆军首脑所见，美国在其基本原则上说来说去，纯粹是为了争取时间；对日本来说，继续谈判只是中了美国人的计。在 10 月 5 日的一次会议上，陆军最高层做出决定，继续和美国谈不是办法，必须对战争有所决断。次日，东条和杉山一致认为，必须在 10 月 15 日前做出重大决定。

　　在陆军态度如此强硬的情况下，近卫避免——或至少推迟

---

　　① *Daihonei rikugunbu*, 2：462.

致命的战争决定的最后一线希望，大概寄托在日本海军身上。倘若海军能支持他继续和美国谈判的努力，也许他能化解危机。可是，海军内部是分裂的。一方面，永野愿意附和陆军的好战，在10月4日的联络会议上说，商量的时机已经一去不返。另一方面，到第二天，海军高层又得出结论，"为了从中国撤军的问题而和美国交战，简直愚蠢至极"。从海军的立场看，为了保全自己的在华权益，陆军正强行开启一场主要责任须由海军来背的战争。然而，尽管有此猜疑，但永野拒绝直言不讳顶撞陆军，害怕这会在国家危难之际破坏军种间的团结。和其同僚一样对与美开战不甚热心的海相及川，在10月7日与陆相东条会晤时，也对付不了东条的强硬。后者坚持认为，接受赫尔四原则，就等于又回到华盛顿会议体系，尤其是九国公约机制。为什么日本要在"满洲"和中国打仗？东条自问自答道，这是为了毁灭那个机制。建立大东亚共荣圈的基本前提，在于创造一个不受那个条约束缚的体系。这是日本必须坚持其反 ABCD 四强立场的另一种说法。日本在中国一些地区的军事存在，正是新秩序的核心所在，没有这一点，共荣圈永远不可能建立。在这点上，日本决不能妥协。海相及川被东条强横的言辞吓住了，恭顺地表示，海军仍然支持9月6日的决策。

165

　　他们会晤之后，马上出席了内阁会议，东条在会上重申他的强硬观点。其他内阁成员委婉地批评了这一立场，对国家的战备状况表示悲观，但下不了避免与美开战的坚定决心。然而，近卫继续试图说服陆军在撤军问题上同意妥协，但陆军咬定10月15日的期限。海军反对将这一期限强加于人，但迟疑着不敢公开驳斥陆军，宁愿让首相来做重大决定。就这样，近卫发觉自己成了孤家寡人，感到自己虽极力避战，但却势单力薄。①

10月12日至16日举行的高层会议使这位日本领导人相信，他的所有奋争均归于失败。在10月12日于近卫私邸开的一次会上，外相丰田坚持主张在撤军问题上做一些让步，战争还是可以避免的，但东条再次强调了他的看法，即谈判的时机已经过去了，没有证据显示美国有和日本妥协的意思。海相及川说，是战是和，须由首相定夺，如果能管用，海军会支持外交解决。东条回答道，即使首相决定诉诸外交手段，陆军也不能盲目从命。毕竟，他说，大本营受9月6日决策的约束，而各项战备工作也正在进行。除非和美国的谈判有十足的把握取得成功——在10月15日之前，否则备战不会停止。于是丰田外相说，9月6日的决策或许草率了。近卫首相接着说道，日本不可能支撑战争超过两年。他本人决意坚持外交手段，如果决定开战，他将不得不辞职。海相及川还是左右摇摆。结果，会议没有做出明确的决定。接着，10月14日，东条在内阁会议上慷慨陈词，反对在撤军问题上让步。要是日本屈服于美国的压力，他说，那么对华战争的果实就会付诸东流，"满洲国"的存在就会陷于险境，而对朝鲜本身的殖民统治也将岌岌可危。这将预示着国家变回"满洲事变前的小日本"。这才是问题的要害。陆军拒绝回到20年代的局面，而这正是美国所坚持的。在华日军问题已经成了这场冲突的象征。在这个问题上没有妥协的余地。东条提醒其他阁僚，9月6日的决策依然摆在那里，根据这一决策，在10月初未能实现外交和解的

166

---

① *Daihonei rikugunbu*，2：504－12；Yabe, p. 378.

情况下，日本本已做开战的决定了。军事动员已按"国策执行大纲"在进行，除非能和华盛顿就在华日军问题达成一致，否则动员现在是不会停止的。①

这里，极其清楚明了的，是陆相逼令内阁在此时此刻做出决定。东条正确地指出，如果决定不开战，那么9月6日的大纲就必须修正。由于大纲是由内阁制定的，不执行是要被问责的。因此，对包括近卫在内的内阁而言，唯一要做的事就是辞职。首相明白这个逻辑。如果要避免战争，那么必须重新组建一个不被9月6日的决策缚住手脚的新内阁。近卫也有他自己的一套逻辑。对他来说，避免与美开战是最要紧的事，所有的决定，包括9月6日的决定，都是实现这个目的的手段。他认识到，日本不可能赢得一场对美战争，他不理解为什么陆军要一意孤行。他敏锐地感觉到，在和联合起来的ABCD四强对抗的过程中，没有哪个大国，甚至是德国，能指望来助日本一臂之力。打一场日本注定失败的战争毫无意义。但是，他也意识到，如果要不惜代价地追求和平，那就必须组建一个新内阁。所有这些事态发展，不可避免地导致了内阁在10月16日的辞职。随此一同破灭的，是会见罗斯福总统的念想，在实现这个念想上，近卫寄托了他对和平的希望。

假如峰会成为现实，那是否能取得重要成果并阻止日美之战，历史学家对此争论不休。这看起来不太可能。美国方面几乎没有理由迁就日本的和平条件，尤其是日本坚持要在中国保留军队。这一妥协在国内不会受到欢迎，还会激起中国人的怨愤，破坏牢固的ABCD四国同盟。此外，美国显然有意"争

---

① *Daihonei rikugunbu*, 2：519 – 21.

取可用的时间",如罗斯福所言,因此和近卫举行峰会很可能是为了推迟最终的摊牌。① 两位领导人肯定不会得出任何实质性的解决方案,但也许能达成某种模糊的协议。这个协议对日本陆军而言大概是不能接受的,但近卫本人在意识到美国站在中国一边的决心后,也许会鼓起勇气,更激烈地反对陆军。如果近卫通过某种方式能与陆军领导层保持对话,那么在日本军队完成备战前,冬季可能就已降临,大本营可能会决定等到来年春季。所有这一切都将帮助美国建成应战的武装力量。换言 167
之,美国或许还有一种办法,在不疏远中国人,或事实上屈从日本的要求从而牺牲中国的情况下,不断增长日本人对达成某种妥协的希望。以此而论,美国人也许犯了一个策略上的错误。

---

① *Daihonei rikugunbu*, 2: 519 – 21.

第六章　结论

　　从 10 月 17 日东条将军领导的内阁成立，到 12 月 8 日日本对美国、英国与荷属东印度发动突然袭击，52 个日日夜夜中隐伏了无数的可能。就日本来说，近卫内阁的辞职，意味着 9 月 6 日的诸项重大决定必须重新考虑，因此在 10 月底之前，不会如其所规定的那样做开战的决定。对美国及其盟友而言，东条就任首相，证明军部把持了日本朝政，并暗示着战争的可能。但美国的军事顾问们当时想避免和日本贸然对抗，以首先专注于欧洲的战争。因此，在真有可能发生战争的情况下，美国人对避免战争立即爆发甚是关切，而在日本方面，新内阁被授予了重新制定国家大政方针和战略的权力。所以，双方有机会达成妥协，事到如今，哪怕是暂时的也好。同时，日本和美国的战略制订者们继续动员军队，以防战争成为现实。英国、中国、苏联，以及其他利益攸关方，对美国立场的任何动摇都极为关注，因为这会在别处造成严重后果。所有这些行动与反行动，在亚太地区造成了一种极不稳定的局面。可是，到了最后，日本发起了进攻，因为它找不到削弱 ABCD 同盟的其他办法。这是日本的失策，攻击使同盟变得更加牢固。破解 ABCD 四国合围的唯一的路，是日本为自身计而加入这些国家的行列。

东条内阁

　　东条是一个典型的官僚。作为一名职业陆军军官和擢升为首相前的陆军部官员，他忠实地代表了日本陆军的利益和关切，经常粗暴地反对海军和文职机构。他顽固地坚持在中国保留日本军队，即使让近卫内阁垮台也在所不惜，因为日本军队在大陆的存在，象征着陆军在国家政治中的特殊地位。不过，这一狭小的眼界现在正面临考验，因为他将代表的不仅仅是陆军，而是整个国家。他的独特之处在于，一旦被任命为首相，他就意识到他不再只是陆军同袍们的代言人，而是必须执行经由天皇表达的国家意志。在第一次会见东条时，天皇把这一点挑得很明白，他希望东条遵守宪法，促成陆海军之间的合作。这足以说明东条的新角色。他现在必须停止汲汲于日本陆军狭隘的关切，在处理国务时最好地服务于所有人的利益。他将其任务理解为政府必须另起炉灶，和美国达成某种和解，而不必理会9月6日的纲要。新内阁不会为其所囿，而是"变回一张白纸"，也就是说，将早前的决策一笔勾销，在和美国谈判时自己辟出一条路来。

东条内阁成员的任命在10月18日完成，仅比其受任首相晚一天，并反映出他领会了那些新责任。他驳回了前陆军部同事的建议，即召回已退休的前外相松冈洋右，并重新起用他。相反，他想请外交老手东乡茂德出任外相一职。在被松冈"清洗"掉，以为更同情日本的亲轴心国外交的"激进派"腾出位置前，东乡曾在柏林和莫斯科任大使。东条选他而非松冈，可说是给了那些反英美派人物一记耳光。东乡对任命大吃一惊，并告诉东条，除非新内阁一心为和美国谈判成功而努力，他才答应。首相向他保证，这正是他的打算。另外，东条自己出任陆军大臣，并临时担任内务大臣。第一个安排反映了他的一个看法，即只有亲自领导陆军部，他才能克制陆军对新内阁外交政策的反对（陆军想让另外的人选担任此职）。同等重要的是，他想在当上内务大臣后掌握警察部门，以在日本接受美国和平条件的情况下，严厉处置示威和突发的暴乱。尽管东条当时不可能想要咽下赫尔四原则及其他条件，但至少他预见到，如果日本为了避战，按美国的条件与其实现和解，那么就会引发急难。他向其秘书吐露，这一和解将会造成如 1936年 2 月时那样的危机，导致接二连三的刺杀事件，以及陆军企图夺取政权。为防此不测起见，东条自任陆军大臣和内务大臣，以独揽大权。①

可是，即使是这样孤注一掷的决定，也不足以阻止战争。一来，尽管内阁更迭，但日本的军事计划还是按自己的势头推进。东条无可奈何，只好留任两位参谋总长，即杉山元大将和永野修身大将，这两项任命，他是无论如何不会主动提出的。虽然大本营勉强承认，9 月 6 日所做的关于在 10 月底前完成战备的决定不再有效，但其战略家们还是顽固地认为，如果战争必将到来，那就应尽早开始。在 10 月 18 日到 11 月 5 日文武首脑们举行至关重要的御前会议的这段时间里，大本营的陆海军代表们天天开会，以制定出他们所谓"对美英荷之战"的战略。顾名思义，即将来临的战争仍然被设想为一场针对三个西方国家的战争。当然，对华战争还要继续，而且日本军部认识到，由于这场新近的战争，重庆会变得更加顽强，因为它能依靠 ABCD 四强的齐心合力来抗击日本。再者，大本营抱有希望的是，和苏联的公开决裂能够避免，至少暂时如此。因此，日本的战略还是以大战 ABCD 四强为纲。

---

① "Tojo naikaku kumitsu kiroku" (Secret Records of the Tojo Cabinet), NHK (Japanese Broadcasting Corporation) (unpublished 1985), 1: 39, 48 - 9.1.

　　这项战略现在到了最后的修订阶段。它由若干要件组成。首先，同时进攻夏威夷和东南亚（特别是新加坡和菲律宾）。海军航空兵将袭击珍珠港的美国舰队，同一时刻，陆军将炮击马来西亚和菲律宾，数小时后，部队在后面两地登陆。这些首度的攻势，以及随后在东印度群岛的军事行动，预计将使日本在四到八个月内初步称雄东南亚和西南太平洋。在"南进战略"大功告成后，日本将巩固最初的战果，获得关键的战略基地，攫取矿产资源，并为和敌人的长期冲突做准备。这是正在浮出水面的战略的第二部分。战略假定，即使英国殖民地与荷属东印度会向日本投降，美国是绝不会投降的，所以，日本必须准备好和美国做旷日持久的斗争，主要是在太平洋上进行海战。这场对抗将延续数年，但一旦在东南亚和西南太平洋建立优势，日本至少有机会在西太平洋守住战果。第三，在中国的战争将持续，但如果日本能成功占领并控制新加坡、香港、缅甸及其他毗邻中国的地区，后者将发现越来越难以获得外部援助。第四，尽管对德国盟友不能怀太大期望，但日本应争取后者的战时合作；德国和意大利有可能向美国宣战，还有可能协助扰乱美国的商船运输流。但更加关键的是德国击败英国，并且如日本所希望的那样战胜苏联。日本必须确保德国不会和英国单独媾和，这将使后者能集中精力应对亚洲的局势。①

　　从10月底到11月初，陆海军高层对形成中的战略的这些方面做了详尽的讨论，他们事实上已大略料中了太平洋战争初期将要发生的情况。值得注意的是，同时向夏威夷和东南亚发

171

---

① Defence Agency, War History Division（ed.），*Daihonei rikugunbu*（The Army Supreme Command；Tokyo 1968），2：526 – 7.

起快速进攻的构想，几乎毫厘不差地得到了执行，而且相当成功。但是，日本战略计划者们的错误在于，他们预期最初的速胜就足以使其控制西太平洋，并按参谋本部一项研究的说法，造成"自给自足且经济上立于不败"的态势。他们承认，开发将从敌手中夺得的地区的资源，并生产大量的石油、橡胶、钨及其他原料颇费时间，因此在1942年和1943年，日本将饱受原料和设备短缺之苦。但日本人希望，1944年之后，随着生产的增加和新帝国的巩固，一切都会好起来，日本的军事能力也会增强。从战略上看，通过"夺取东亚的所有军事基地"，日本能够切断英国和英联邦国家，以及美国和西南太平洋之间的联系。这些进展将孤立中国，所以也能加大日本对蒋介石政权的压力，并在必要时，将一些部队调往北方，准备可能和苏联爆发的战争。[①]

这种乐观的情绪，使日本的战略从一开始就注定破灭。它在两个关键地方犯了错误。第一，它低估了英美在遭受预计中的最初灾难后发起迅速反击的能力和决心。第二，它高估了德国的力量，以为德国能继续在欧洲钳制英国，甚至击溃苏联。最根本的是，日本缺乏打多国大战的经验。第一次世界大战并不真正是属于它的战争，其参战其实只限于攫取德国在中国和太平洋的势力范围；这本质上是两国间的战争，就像第一次中日战争[②]和日俄战争一样。如今，头一次，日本不得不面临和众多敌国的冲突。单单出于这个原因，制定出一项总体战略就是极其重要的。然而，事实上，前文的概述表明，日本陆军和

172

---

① *Daihonei rikugunbu*, 2：532.

② 即甲午战争。——译者注

海军从未能完全统一意见。诚然，它们都同意和 ABCD 四强开战的想法，但陆军的首要关注点是中国和苏联，视"南进战略"为圆满解决对华战争及备战苏联的手段。在这点上，高估德国的力量对陆军思维的影响是灾难性的。陆军乐观地相信，由于德国牵制住——如果不是打败——英国和苏联，日本可以巩固南方的战果，并"解决""北方"问题（中国和苏联）。海军则将目光投向战争的美英荷方面，这是出于缔建南方帝国的考虑。日本人认为，在最初的突袭得手后，海军要做的，就是对付敌人破坏帝国的零星企图。但海军和陆军都未意识到，有必要研究出一套整体的综合方案，以在开战后的数月内应对大规模反攻。[1]

换言之，对美英荷的战争与对华战争，以及这两场战争与假想中的对苏战争之间的关系，从来就不清楚。颇能显露这个不足的文件，是由参谋本部的一名高级军官在 10 月底撰写的一份备忘录，其中，他指出在最初的交战后，会有三种可能的发展：（1）在南方和中国处于僵局，北方尚在未定之天（苏联）；（2）解决头两场战争，北方不确定；（3）三场战争均告解决。这三个战区彼此如何关联并不清楚。[2] 所有这些如何与轴心国的整体战略联系起来，也从未说清。德国会以某种方式在欧洲战斗下去，牵制住英国和苏联；但柏林和东京没有讨论过战略协同问题。同时，日本将对美英荷发起进攻，但对这场战争和日本未来的对华对苏战略之间的关系，也从未做过系统思考。

---

① *Daihonei rikugunbu*, 2：537.

② Ibid. , 2：555–6.

鉴于这种混乱的状态，在东条内阁着手修订国策的诸项基本方针时，军部首脑们本应做出慎重的提醒。新任首相明白，自己的使命，以及天皇交予的职责，是根据 9 月 6 日之后的事态变化，重新审视那天的决策，尤其是在与美国的谈判缺乏进展的情况下。他愿意重新提出是战是和的整个问题。正如他在 10 月 30 日的一次联络会议上所说，还有三种可能的选择：不诉诸战争的"坚忍与耐心"；毅然开战；谈判与备战相结合。东条本人更喜欢第三种选择。他在 11 月 1 日对杉山大将说，天皇反对第二个选择，而第一个选择，即停止战争行动，甚至为了暂时的谅解而考虑接受美国的和平条件，是军部绝不会同意的。第三个选择和 9 月 6 日的决定大体相同，但后者规定了和华盛顿完成谈判的最后期限——10 月初，逾此即决定开战。因此，采用第三个选择等于将最后期限延后，并继续和美国谈判。为此，杉山争辩道，谈判的时机已过，而且让原定的期限作废又无所行动，国家对美国已处于更加不利的态势。也就是说，陆军必须坚持第二个选择。具体来说，战争准备应在 12 月初前完毕。①

这次会议之后，是 11 月 1 ~ 2 日举行的长达 16 个小时的联络会议。与会者意识到，这是决定国家命运的最后一次机会，并对三种选择的利害得失做了详密的反复权衡。第一个选择，也即"坚忍与耐心"的政策，只得到了外相东乡的支持，他认为由于没有战胜 ABCD 四强联合力量的确然把握，日本决不能开战。他断言，德国征服英国的可能性极小。同时，美国会专心一意击败德国，所以不会和日本开战。因此，日本应暂

①　*Daihonei rikugunbu*，2：560 – 2。

时按兵不动，静观欧洲形势的变化。大藏相贺屋兴宣基本同意东乡的看法，即如果日本打不赢，那么打也没有意义。可是，这种逻辑不是军部能接受的，永野大将坚持认为，日本继续消极，美国就会加大给中国和苏联的援助，对日本的包围就会收得更紧。日本宝贵的石油储备正日渐枯竭，美国力量的相对优势将会增加。尽管在长期战争中取胜的希望渺茫，但至少头两年的战果足以使日本为持久战做好准备。杉山大将重申了陆军的观点，即南进战略将掐断中国与外界的联系，促使后者投降。

由于军部的坚决反对，第一个选择被放弃。看起来，和 ABCD 四强开战的反对者和拥护者都各有理据。前者正确地主张，由于甚至连军部都承认打赢持久战的机会很小，又由于没有速战速决的可能，日本根本就不应有开战的想法，因为所付出的经济和战略代价，将超过消极政策所致的各种暂时的困难。军部则推断，长远来看，世事难料；欧洲的形势会好转，抑或中国会退出战争。日本眼下应该做的，是挣脱 ABCD 四强合围所强加的困境。由于他们对迅速旗开得胜充满信心，又由于日本等待得越久，连这一胜利都将越来越难以取消，大本营及其支持者主张把赌注押在尽早开战上。在其看来，战争来得越早，在短期内取胜的机会就越好。在 ABCD 四强的包围和美国的禁运下无所作为，等于是不战而降，对军部而言，这种选择是决难接受的。即使不和美英荷三国开战，和中国的战争也将继续，陆军确信，如果不和三国打这一仗，那么连粉碎蒋介石的抵抗的可能都会变小。这是因为这三国，尤其是美国，会更加巩固和中国的联系。只有进攻美英荷，日本才能断绝这些联系，使中国臣服于脚下。

最后，与会者决定放弃第一个选择，因为他们都感到日本

174

不能再处于一种不确定状态。要么就准备不久后宣战，要么就应以引人瞩目的外交尝试来结束不确定状态。这种状态不仅会动摇军心，还会消磨国民的士气。不能指望他们再忍耐下去。

还剩下第二和第三个选择，即一者下定开战的决心，一者继续做外交努力。外相东乡和大藏相贺屋强烈要求继续谈判，而杉山和永野两位大将还是坚持要立即做出开战的决定。他们最多能为文官领导层宽限时日到 11 月 13 日，让他们去进行外交活动，但如果外交手段失败了，则武装力量必须准备在 12 月初采取行动。最后，在东条首相的执意调解下，军部首脑们有所退让，同意以 11 月 30 日午夜为最后期限。倘若华盛顿的谈判不能圆满成功，那么战争会在 12 月 1 日后不久打响。于是，一切取决于和美国谈判的进展。尽管之前时谈时歇持续了六个多月的谈判鲜有成效，但东条和东乡决定做最后一次努力。要是不成功，他们就能说服自己、天皇以及国民相信，为了避免战争，他们已竭尽所能，但还是失败了。

日本能够接受的和美国维持和平的最低限度条件应该是什么？弄清这些条件用去了大量时间。这里，东乡想出了一个双面策略。第一是（A 计划）和美国就主要议题达成一个全面的解决方案。根据 11 月 1 日的联络会议批准的政策，日本同意在实现停火后的两年内，从中国大部分地区撤军，并将撤出的军队集中在华北、蒙古、新疆和海南岛的某些地区。他们在那些地区驻留的时限为 25 年。一旦对华战争得到解决，印度支那的日军将全部撤出。日本还将接受在太平洋和在中国的贸易非歧视原则，只要同样的原则普行于世。这是对赫尔的基本原则的回应；日本人的意思其实是，在华的商业机会问题不能和世界的其他地区割裂开来。这个回应相当平淡无奇，反映出在战争解决前，不愿对中国问题做出坚定承诺。至于轴心国同盟，日本将"依己之决定"行事——这是与德国的条约不适用于美国，除非后者首先攻击德国的委婉说法。

这些条件还表明，日本决心保全在中国和亚洲其他地区的特殊地位，那是它千辛万苦凭武力打下来的。在11月5日决定性的御前首脑会议上，东条首相解释道，日本决不能再回到九国公约的"限制"中去，而这正是赫尔四原则的意思。日本在"满洲"和中国打仗，就是要摆脱这些限制，所以恢复1931年之前的局面毫无道理。因为美国在这点上似乎很固执，所以东京对和美国在A计划下达成协议不抱希望。东乡外相说得直截，要在中国问题上谈出一个基本谅解，时间太少太少。但由于只要还有一线可能，就须为避战全力以赴，日本将向美国提出第二套条件（B计划），是为可以接受的底线条件。他们不试图就中国问题达成全面协议，而是寻求阻止日美关系的进一步恶化。具体来说，日本承诺军队不越出法属印度支那；两国将在荷属东印度合作，汲取它们所需的资源；美国恢复和日本的贸易，解冻日本的资产，向日本提供它需要的石油；美国不阻挠日本和中国媾和的努力。要是能在这些条件的基础上 176
达成协议，日本愿意撤出南印度支那，并最终撤出整个半岛。

这些底线条件显然被认为是不能再低了。除非美国同意，否则日本将和ABCD四强开战。B计划的意图，是使美国叛离中国与荷属东印度，换言之，瓦解ABCD同盟。日本曾尝试过，但失败了。现在，到了最后一刻，日本的首脑们还指望着美国的领导层有可能不愿在那一刻打太平洋战争。除非底线条件被接受，否则日本就开战，通过显露这一决心，日本将美国政府置于进退两难的境地，强迫它做出肯定或否定的回答。如果答案是后者，那么据信日本人就有了和 ABCD 同盟开战的正当理由。如果是前者，它就凸显了日美就东南亚达成的谅解。尽管两国对中国问题的分歧依旧，但美国在干预中国事务上的地位不会如早前一般有利。因此，至少说来，局势会回归到在冻结日本资产前夕维持的状态。但最为重要的结果，是 ABCD 包围圈的松动。

　　日本人明白，尽管怀此希望，但美国会放弃支持中国，同意解散 ABCD 同盟的可能性的确很小。因此，事实上所有 11 月 5 日会议的与会者，都甘心接受了和 ABCD 四强开战的可能。但他们也意识到，打这场战争极其困难。在 11 月 5 日的会议之前，军部首脑已多次与天皇面议，向其呈报正在制定的重大决策。他们都以为，战争会在 12 月初开始。永野大将胸有成竹地说，闪击敌人后，日本能夺得首胜，在西南太平洋建立战略基地；不过，他也再次表达了之前对日本赢得持久战可能的疑虑。他说，一切取决于国家的动员状态和世界大势。他接着说道，日本唯一的希望，在于击败英国的可能，手段是日本断其海路，德军登其本岛。即便如此，日本仍有一劣势：它无法攻击美国本土。杉山大将要乐观些。他断言南进战略的最初阶段将使日本处于固若金汤之势，从而可继续与美军英军大战。同时，他警告说，美国会强迫苏联提供其亚洲领土，做机场和潜艇基地之用，后者将感到无法抗拒其压力。所以，杉山说，苏联也有可能参战，尤其是如果战争久拖不决的话。

　　鉴于这些现实的估计，为何日本要决定开战？东条首相的结论是，现在这是唯一的选择。如果日本仅仅隐忍不发，则两年之内，美国的地位将更加强固，因其空军力量将达及太平洋，而日本的石油储备也将告罄。到那时再想实施南进战略以获取石油，则为时晚矣。同时，在中国，美国支持下的抵抗日本占领军的运动将声势益壮，甚至连苏联都有可能壮起胆子帮助中国。换言之，无所作为会在两年内使形势恶化，而军部则说至少在那段时期，战争将使国运昌隆。日本将用两年时间缔造一个南方帝国，尽管其间对华战争兴许仍未平息，但形势不会比消极被动所致的日坏一日更糟。正是这样一些考虑，促使日本的领导层在1941年11月5日，做出了致命的战争决定。

这些讨论暴露出缺乏远见。没有人知道在最初的胜利之后，战争将如何发展，更别提ABCD四强在两年中将如何行动。但所有人均同意，不能容忍当前的形势继续下去。东条宣称，这会使日本沦为三流国家，因为日本会越来越受制于美国的权力和意志。奋力抗此强权以观时变，才是更好的选择。他们坚信，在美国主宰的世界秩序下，日本将苦不堪言，而若日本挑战彼秩序，或许能开辟另一条安排国际事务的道路。

缺乏远见的一个表现，是甚至迟至11月，日本的领导层都未想清即将爆发的战争的目的。东条向重要会议的与会者保证，他会努力证明开战的正确；但一时之间，他能想到的最佳理由，是国家要为生存而战。这反映了绝望的感觉。在美国的压力下低头，看来威胁到了日本自身的存在，因为这意味着融入美国规定和支配的国际体系。[①] 事后回想，这堪为全部问题的核心。他们相信，日本陷入了ABCD四国同盟的包围之中，苏联可能也会加入同盟。余下的唯一选择，是要么归顺这个同盟，要么抵抗之。两者都有代价和风险，但抵抗至少能捍卫国家的尊严，而归顺只意味着过去十年之功毁于一旦，退回到以

① *Daihonei rikugunbu*, 2：587.

美国领导的世界秩序为标志的 20 年代。也就是说，美国强加
178　的和平较之日本发动的战争，被认为是既不足取，也不光彩。

ABCD 四强的准备

　　这和美国人的想法差不了多少。在华盛顿，人们也意识到
美国和日本都正面临生死攸关的抉择。通过和野村大使的谈
话，以及"魔术"截获的情报，华盛顿高层能够察知日本政
策的动向，对日本的处境，或日本领导层的绝望感了解无误。
于是，唯一的变数，是美国在何种程度上愿意经由某种妥协，
推迟和日本摊牌的时间。倘若不能达成妥协，则美国的领导层
明白，战争的确有爆发的可能。

　　不过，时至今日，已不可能就是否应尝试达成这一妥协，
或如果达成妥协，妥协的内容应是什么取得一致了。罗斯福总
统稍稍有过双方停止军备活动六个月的想法，而日本专家约瑟
夫·包兰亭领导下的国务院官员则提议在中国休战，这样中日
两国可进行和谈，其间美国不帮中国，日本也不在印度支那活
动。这些建议或许能为对日谈判提供可行的起点；后者的 A
计划也有可能得到认真考虑，因为它和美国的一些试探性建议
都是针对中国的。可是，正因如此，这些想法没有什么结果，
原因是它们都暗示了美国对华政策的转变。为维持现状而和日
本达成谅解，或在中日议和时，美国为中国计而不予干涉，显
然会动摇 ABCD 同盟。这种可能，先前使美国对近卫提出的谅
解建议未能更表欢迎，现在，分裂同盟之不可取更甚以往。美
国支持中国力度的任何减弱，都会被英国与荷兰视为美国政策
发生相应变化的标志，这一变化会破坏一个曾十分有效地遏制
了日本的同盟。

　　当时的某些观察家及后来的一些历史学家质疑，立场如此强硬是否审慎之举。他们认为，美国不愿改易其对华政策，这毁了和日本之间的和平，为了中国和日本开战毫无理由，因为美国的核心利益在太平洋，不在亚洲大陆。战争结束后，当昔日的盟友化作仇敌，许多人断言援华政策是一个错误，因为它仅仅导致了和日本的战争，使后者撤出了亚洲大陆，却最终意味着苏联（继之是中国共产党）势力的扩张。所有这些看法都忽视了极关键的一点，即中国不再是一个孤立的政策对象，而是美国的亚洲—太平洋战略不可分割的一部分。事到如今放弃中国，相当于质疑 ABCD 同盟的基础，这不是轻而易举之事，因为从未设想过其他保护美国利益和亚洲安全的方法。牺牲 ABCD 同盟来和日本达成折中的妥协不在考虑之列，因为难以想象事后形势会如何发展。毕竟，日本仍然与德意为伍，除非轴心国同盟也能被拆散，日本可被诱离法西斯国家，否则，任何以日美协议为基础在亚太地区重建和平，哪怕是暂时的和平的想法都是不切实际的。换言之，如果要和日本达成令人满意的协议以避免战争，美国就必须准备重新制定其总体战略，至少对该地区如此，并以新的框架取代 ABCD 同盟。一句话，要想避战，就不可能有临时的权宜；只有对美国的政策做重大改变——这也意味着日本采取相应行动——才能做到这一点。

　　从事这项任务的时机不利。ABCD 同盟的成员不会支持美国。重庆的中国领导层对日美修好的任何可能仍然感到神经紧张，并与英国外交官保持着密切联系，好在后者的帮助下防止同盟伙伴关系的突然破裂。事实上，在 1941 年秋，中英两国形成了类似于小同盟的关系，因为二者都想美国对日本保持强硬。外交大臣安东尼·艾登宣称，"显示强硬""更有可能使

179

日本不敢开战，而非激其动武"。显然，展露强硬的一种方式，是加强和中国的战略和道义联系。温斯顿·丘吉尔首相正考虑派遣英联邦及英国的志愿飞行员携机前往中国，以提升后者的空军力量。[1]

空军正迅速成为 ABCD 同盟遏制日本的决心的象征。美国正将一个 B17 轰炸机群派往菲律宾。与已在中国就位的飞虎队，以及英国所能承担的投入该地区的力量一道，那些轰炸机将有助于威慑日本。要是尽管有了威慑，战争还是发生，那么它们能有效地和日军作战。的确，即使到了 11 月底，ABCD 盟友们还没有为了应对战争的爆发而制订出一个明确的联合战略。但这主要是因为美国在战时的领导地位不言自明。英国与荷兰将追随美国的领导，至于中国，它也将自己的战略视作共同奋战的一部分（蒋介石在珍珠港事件发生后不久宣布："一项包括最充分协调人力与物资的全面战略，是胜利的必要先导"[2]。中国的领导人们视此想法为理所当然，已有一段时间。尽管 ABCD 四强从未制定出这样的全面战略，但这并不能否定一个事实，即至少在心理上，它们就当已有了一个全面战略）。

苏联无须提醒也明白，日本对其领土的进攻将是可怕的打击。最好让日本一直只盯着中国和东南亚。日本和 ABCD 四国的关系出现危机，苏联人正求之不得，因为这使日本人不会动进攻西伯利亚的心思。尽管有关使用其领土作为美国舰船和空军基地的事宜，苏联还未和美国商议，尽管苏联小心翼翼地遵守和日本的中立条约，但共产国际的间谍们——声名最著者乃

---

[1] Christopher Thorne, *Allies of a Kind: The United States, Britain and the War against Japan, 1941 – 1945* (London and New York 1978), pp. 69 – 70.

[2] F14128/ 13469/10, Foreign Office Archives.

东京的理查德·佐尔格——正加倍努力，以阻止就日本的对华战争或日美分歧实现任何外交解决。讽刺的是，就在这些努力正显成效之时，佐尔格及其在日本的人脉正受到警察日益密切的监视，终使他们在珍珠港事件后不久遭到逮捕。

　　由于这些事态变化，日美关系正陷入绝境。只有实现全面谅解才能阻止两国关系完全破裂，但在东京和华盛顿尚可做出努力的短暂时间里，不可能达成全面谅解。在 11 月下半月，这一点变得相当明显，当时华盛顿的谈判者们正在为挽救日本的 B 计划做最后的尝试。和 A 计划相比，B 计划提出搁置中国问题，以恢复 1941 年 6 月时的现状为目标，但正因如此，它成功的机会很小。不过，美国官员愿意考虑一个临时安排，以推迟摊牌。通过"魔术"截获的情报，他们了解到，除非在 12 月 1 日前达成协议，否则日本将发起进攻，为了使战争至少延后几个月，他们起草了一份反建议（counter - proposal），所谓的权变之策（modus Vivendi）。这个建议是华盛顿高层深思熟虑的产物，要求日本从南印度支那撤军，只在北印度支那保留数量有限（25000 人）的军队，以换取美国恢复对日本的石油出口。那将是一次为期三个月的尝试，远非所需的全面谅解。即便如此，如果英国、中国与荷兰政府赞成这个计划，它也会被提交给现由东京急派特使来栖三郎率领的日方谈判人员。然而，果不其然，中国人表示强烈反对，而丘吉尔则从伦敦致电，声援中国人的立场。毕竟，维护 ABCD 同盟兹事体大，美国不能单方面和日本交易。于是，不提出权变之策的决定，是不能为了安抚日本而破坏 ABCD 同盟的又一明证，哪怕只是三个月时间。

　　如果 ABCD 同盟无法瓦解，则日美谈判毫无意义。来栖和野村明白这一点，所以对他们同赫尔的谈判了无进展，应该不觉意外。在他们还可利用的短暂时间里——从11月中旬到11月底——日本和美国都不可能调整立场。赫尔11月26日的照会证实了这一事态，他在照会中重申了美国坚持的基本原则。华盛顿和东京的日本官员认为，赫尔的照会体现了两国间的巨大鸿沟，他们无疑是对的。不过，他们将照会视为最后通牒，这就想过了头。照会只是复述了美国将站在中国、英国与荷兰一边的立场，并邀请日本与它们一道重建亚太地区的秩序。如果日本回绝，则没有妥协可言。

从此往后，美国所要做的不是推进和日本的谈判，而是巩固ABCD四国的伙伴关系。12月1日，罗斯福总统向英国大使哈利法克斯爵士保证，万一日本进攻英国或荷兰在亚洲的属地，那么"我们显然应站在一起"。换言之，美国将向它们伸出援手，这样，日本就是在和联合起来的ABCD四强交战。日本将得到它计划中的结果。在随后的几天里，罗斯福做了再次承诺，明确宣布美国的支持是指"武力支持"，并称美英荷应一起行动起来，共同警告日本不得进攻泰国、马来西亚或印度群岛。同时，中国将继续得到美国的全力支持。ABCD同盟现已大体形成，就差一个名分了。①

珍珠港

东京在11月27日收到了赫尔的照会。一场联络会议立即在当日下午举行，所有与会者一致认为，照会其实就是最后通

---

① Defence Agency, War History Division（ed.）, *Daihonei kaigunbu*（The Naval Supreme Command; Tokyo 1975）, 2: 61.

牒，包含了日本绝不能接受的条件。因此，华盛顿的谈判必须被判定为已经失败。依照 11 月 5 日的决定，日本必须为将至的战争做准备。内阁在次日开会时同意这些观点。于是，11 月 29 日，内阁要员和前任首相们前往皇宫，向天皇阐明形势。这一次，所有人也都同意，和美英荷的战争已不可避免。对这个判断，以及和美国及其盟友开战是否审慎，天皇似乎存疑。他在 11 月 30 日召见了海军诸首脑，以弄清海军是否确已进入战备状态，是否想打一场持久战。永野大将告诉天皇，日本执行进攻任务的部队已到达珍珠港以西 1800 海里处。海相岛田繁太郎表示，他相信万事俱备；即使德国退出战争，他自信地告诉天皇，日本也能打下去，无论代价如何，此战必胜。最终，天皇赞同了开战的决定，这个决定在 12 月 1 日的首脑会议上得到正式确认。①

　　日本对抗美英荷三国的重大战略决定，已在 11 月初做出。11 月 5 日，永野向山本五十六大将下令，命其在 12 月初之前让联合舰队做好和美英荷开战的准备。初始的战略，是集中力量摧毁美国舰队，以削弱美国人的斗志以及其阻挠日本南进战略的能力。因此，事情主要看最初一击的效果。日本的唯一希望，就在于这一击对美国，以及更深层次上对英国的毁灭性影响。山本大将和他的参谋官们为制订这项战略已忙碌了数月，现在，他们奉命前去执行。从 11 月 11 日开始，联合舰队麾下的舰只、飞机就被部署在预定地点，蓄势待发。10 天后，舰队得令准备作战，26 日，攻击部队启程，开始了横跨半个太平洋的长途跋涉。12 月 1 日，舰队接到天皇的开战命令。一

---

　　①　*Daihonei kaigunbu*，2：20．

切就绪，但大本营海军部选择12月7日星期天作为袭击珍珠港的日子，因为星期天美国舰队待在那里的可能性更大。

11月26日到12月7日的11天，实质上是战争的前奏。日本人坚信，只有出其不意地攻击才能赢得首胜，因此，他们不想流露出任何终结华盛顿谈判的迹象，直到最后一刻。日本人的设想是，在东京时间12月8日凌晨3点向美国政府递交宣战书，或者说，在袭击珍珠港前的30分钟。那是华盛顿时间的12月7日下午1点。宣战书附带的一份长文照会由电报分开十四次发给华盛顿的日本使馆。发送电报花去了21个小时，最后一部分是在12月7日下午3点30分（华盛顿凌晨1点30分）发送的。由于将电文译解并重新打出耗时较长，直至下午2点20分宣战书才被交给国务卿赫尔，彼时进攻已开始约50分钟了。

然而，美国政府已破译了日本的电报，预料到战争随时会爆发。事实上，由于"魔术"监听破译了来往于东京和华盛顿之间的重要电文，美国官员得知，11月26日之后，继续谈判已无意义。美国政府向夏威夷、菲律宾及其他地方的美军指挥官发出警告：和日本的关系即将破裂，必须做好战争准备。不过，罗斯福总统以私人身份致电天皇，想为推迟摊牌做最后的尝试。电报是12月6日发出的，要求日本军队撤出印度支那，以维持地区和平。但总统知道，这是徒劳之举，因为他收到了截获的信息，了解到日本人正预备开战。但是，无论是罗斯福还是他的助手都没有预见到，日本人会对美国舰队进行那种大规模空袭。对"偷袭"的那种震惊、错愕与憎恶之感，并不是装出来的。

关于美国仿佛对袭击珍珠港毫无防备，已有过多种推测。尽管截获了众多有关日本政策的情报，但美国的领导人们居然不能预见行将发生之事，这看起来的确令人费解。关键问题恰恰是在珍珠港事件前夜他们掌握了何种信息。罗斯福及其高级幕僚预料到日本随时可能发动攻击，而夏威夷的海军军官们也讨论过日本轰炸瓦胡岛的可能。但是，他们当中没有人料到，日本人会在 12 月 7 日攻击珍珠港的美国舰队。[①] 部分来说，这是因为华盛顿的官员们不知舰队还待在珍珠港，而非在海上，而瓦胡岛的人则没有从华盛顿收到"命令讯息"，警告他们攻击迫在眉睫。随着越来越多的官员参与到对日开战的计划中来，要勾勒出一个信息传递的清晰链条绝非易事。

　　这是否有意疏忽的问题已争论多年。可以认为，如果华盛顿将其搜集到的所有有关日本舰队动向及情报活动的信息传达给火奴鲁鲁，那么夏威夷的陆海军指挥官本可更好地部署舰队和群岛的防御。这个怀疑能够拓展为一种阴谋论，即认为夏威夷的官员故意忽略一些关键信息，好让日本人打第一枪，这随后将导致两国正式宣战，使美利坚民族为打世界大战而动员起来。向夏威夷发出的警告，或许能拯救那只舰队和瓦胡岛的众多生命，但仍不能阻止日本的进攻。此外，在夏威夷 12 月 7 日拂晓，一艘美国驱逐舰发现并击沉了一艘日本潜艇，当时距日本实际发起攻击只有数小时而已。这起事件表明，夏威夷政府掌握的一些信息，本可促其采取重要的介入行动。因此，将一切都怪罪到华盛顿头上有失公允。不管怎样，有一点仍然是事实，即尽管对最初一击落下的方式，夏威夷和华盛顿的震惊之感一点不虚，但对战争的来临，则毫不惊讶。美国官员和日

184

---

① Gordon W. Prange, *At Dawn We Slept: The Untold Story of Pearl Harbor* (New York 1981), pp. 186, 486.

本人少则数月，多则数年之前，对此就有预判。太平洋两岸对冲突与危机的预感，自 30 年代末以来就与日俱增，以至到 1941 年年底时，战争看起来是唯一的可能，除非一方——日本——做出重大让步。

由于战争被视为势所难免，有人已开始考虑战争的后果，以及战后日美关系的未来。在耶鲁大学教授历史的朝河贯一就是其中一人。他相信日本会输掉战争，因此力图让两国为以后建立更加合作的关系未雨绸缪。他在一封希望罗斯福总统转交天皇的公开信中，试着以略微夸张的笔调表达自己的看法：可以期望的是，"日本会再次在自由意志下返归高贵的自我，会再次迅速而坚定地投身于自由世界广阔的共同生活，方今的战火一朝消弭，自由世界的疆域必将得到极大的拓展"。美国和其他国家，将"同日本一起参与她的重建工作。而且，在将来，所有人都欢迎她欣欣向荣，喜见她对人类共同文明的进步做出日胜一日的贡献，以其天赋秉性，堪足成此伟业"。这种希望博得了少数美国人的认同，并最终为战后美国的对日政策提供了基础。在这种思想背景下，太平洋上的战争是日本偏离原先遵循的道路而误入歧途的产物，这条道路就是和美国及其他文明国家携手合作。战争是一不幸的间奏，但不能让它掩盖了日美关系本质上的延续性和互惠性。[1]

以日美关系的要点而论，这是千真万确的。战后的历史将

---

[1] Abe Yoshio, *Saigo no "Nihonjin"*: *Asakawa Kan'ichi no Shogai* (The Last "Japanese": the Life of Asakawa Kan'ichi; Tokyo 1983), pp. 337 – 8. One American counterpart to Asakawa was Sidney Gulick, a former missionary in Japan. Their ideas were virtually identical. See Sandra Taylor, *Advocate of Understanding* (Kent, Ohio 1985).

证明，两国有诸多共同点，可以互利合作。互利合作体制是通贯大部分现代史的模式，并在 20 世纪 20 年代达到极盛。可是，由于各种原因，这个体制——华盛顿会议体系——遭到了侵蚀，一种对抗冲突的心态取代了友好共存的意识。但在日美关系的漫长历史中，20 世纪 30 年代晚期到 40 年代的危机和战争只是短暂的插曲。

185

　　不过，这段历史必须置于国际关系的更广阔背景中，因为日美关系从来就不纯是两国之事。在 20 世纪 20 年代，同英国一道，日美是华盛顿体系的主要倡导者，而在 30 年代前半期，太平洋两岸几乎没有真正的冲突，因为日本能做到在中国粗暴行事而不招致他国的联合反对。但从 30 年代中期开始，大国关系逐渐重组，中国得以不再孤军抵抗日本的侵略。中国接二连三地获得外部大国的帮助，到 30 年代末，美国、英国、荷兰、法国和苏联之间形成了松散的同盟，各国都想遏止日本的推进。可以说，这是一个改造过的华盛顿体系，剔除了日本，加入了苏联。为反击这股潮流，日本试图将苏联从"协作国"中分离，并与德意结成牢固的同盟。日本人的希望是，日本、德国、意大利和苏联自缔盟约，以反对前者。这个企图失败了，结果日本发现自己比过去更加孤立，如其所言，"身陷重围"。最后，正是一个被包围的日本，以一己之力对抗一个坚强的同盟。这使日本人的不安全感和危机感更甚以往。走出孤立的唯一办法，应是回归华盛顿会议体系，但既然中苏与此体系牵连益深，这看起来困难重重。眼见除非孤注一掷，另建处理亚太事务的新体系，否则无从脱困，日本发起了进攻。日本政府宣称，这是为新秩序而战，为国家生存而战。这两个目标密切相关。但战争将表明，在原体系下生存，才是明智之举。

关于参考文献

关于第二次世界大战在亚洲及太平洋的起源的文献汗牛充栋。我只想简要提及对写作本书尤有助益的著作，其中大部分是晚近出版的。要了解对文献的更加详细的讨论，读者或许有兴趣参看我的其他文章："Contemporary History as History"，载 *Pacific Historical Review*（May 1984）；"The Asian Factor"，载 Gordon Martel（ed.）*The Origins of the Second World War Reconsidered*（London 1986）；以及"The Americanization of East Asia"，载 Warren Cohen（ed.）*New Frontier in American-East Asian Relations: A Survey*（Cambridge，Mass. 1983）。有用的参考文献指南还可见 Ernest R. May and James C. Thomson（eds.）*American-East Asian Relations: A Survey*（Cambridge Mass. 1972），载前述 Cohen 的编著；另见 Sadao Asada（ed.）*Japanese Research in International History*（New York 1987）。

导致战争爆发的各方面原因中，或许是日美关系得到了最彻底的研究。自从战争结束后不久出版了三部对战争的权威记述——Herbert Feis，*The Road to Pearl Harbor*（Princeton 1950），William L. Langer 和 S. Everette Gleason，*The Challenge to Isolation*（New York 1952），以及同样是 Langer 和 Gleason 所著的 *The Undeclared War*（New York 1953）之后，历史学家们一直在补苴罅漏。日本方面，最好的研究见八卷本 *Taiheiyo senso e no michi*（The Road to the Pacific War；Tokyo 1962 – 1963），此书已被部分译为英文出版，见 James W. Morley（ed.）*The*

Fateful Choice（New York 1980），*Deterrent Diplomacy*（New York 1976），*The China Quagmire*（New York 1983），以及 *Japan Erupts*（New York 1984）。翻译计划反映了日美两国历史学家的密切学术合作，这是太平洋战争起源研究的独特之处。此项合作的一个显著体现，是两国共撰的著作：Hosoya Chihiro *et al.*（eds.）*Nichi-Bei kankeishi*（History of Japanese-American Relations；3 vols.，Tokyo 1971），英文版为 Dorothy Borg 和 Shumpei Okamato（eds.），*Pearl Harbor as History*（New York 1973）。

众多官方和半官方的决策者传记，是日本外交研究所不可或缺的。同本书尤为相关的是 Yabe Teiji，*Konoe Fumimaro*（Tokyo 1952），*Matsuoka Yosuke*（Tokyo 1974）；Kurihara Ken（ed.）*Sato Naotake no menboku*（The Real Worth of Sato Naotake；Tokyo 1981）；以及 Hagihara Nobutoshi，*Togo Shigenori*（Biography of Togo Shigenori；Tokyo 1985）。在日美关系中起到了间接作用的非公职人员的传记中，特别值得注意的是 Matsumoto Shigeharu，*Shanghai jidai*（Shanghai Years；3 vols.，Tokyo 1975）；以及 Abe Yoshio，*Saigo no "Nihonjin"：Asakawa Kanichi no shogai*（The Last "Japanese"：The Life of Asakawa Kan'ichi；Tokyo 1983）。此外，日本防卫厅战史室编撰的"官方"战史极有价值，其中和 1931～1941 年时期最相关的，是数卷本 *Daihonei rikugunbu*（The Army in the Supreme Headquarters）和 *Daihonei kaigunbu*（The Navy in the Supreme Headquarters）。数千份原始档案已在 *Nihon gaiko bonsho*（Japanese Diplomatic Documents），*Nihon gaiko nenpyo narabi shuyo bunsho*（Chronology of Japanese Diplomacy, with Key

Documents），以及 *Gendaishi shiryo*（Documents on Contemporary History）中公之于世。在已出版的私人信件、日记和备忘录中，对写作本书尤其有用的是 *Ugaki Kazushige nikki*（Ugaki Kazushige Diary；2 vols. , Tokyo 1970），Ishikawa Junkichi（ed. ）*Kokka sodoin-shi*（History of National Mobilization；Tokyo 1975 and going），以及 Tanemura Sako, *Daihonei kimitsu nisshi*（A Secret Diary of the Supreme Headquarters；Tokyo 1952）。

有关战前美日关系的英语研究文献中，最重要的是：Justus Doenecke, *When the Wicked Rise*（Lewisburg 1984）；Gary Ostrower, *Collective Insecurity*（Lewisburg 1979）；Dorothy Borg, *The United States and the Far Eastern Crisis*（Cambridge, Mass. 1964）；Stephen Pelz, *The Race to Pearl Harbor*（Cambridge, Mass. 1964）；Waldo Heinrichs, *American Ambassador*（Boston 1966）；Jonathan Utley, *Going to War with Japan*, 1937 – 1941（Knoxville 1984）；Irvine H. Anderson, *The Standard-Vacuum Oil Company and United States East Asian Policy* 1933 – 1941（Princeton 1975）；以及 John Stephan, *Hawaii under the Rising Sun*（Honolulu 1984）。最近两部集中写太平洋战争的书有专章讨论战争起源：Christopher Throne, *Allies of a Kind*（London and New York 1978）；以及 Akira Iriye, *Power and Culture*（Cambridge, Mass. 1981）。关于引致珍珠港之袭的关键几周，参见 Robert J. C. Butow, *John Doe Associates*（Standard 1974）；Gordon Prange, *At Dawn We Slept*（New York 1981）及其 *Pearl Harbor: The Verdict of History*（New York 1985）。Sander Taylor 的 *Advocate of Understanding*（Kent, Ohio 1985）包含重要的洞见，此书研究的是一位为阻止太平洋两岸关系破裂而坚持到最

后一刻的美国人。

有关美国对华政策，参见 Warren Cohen, *The Chinese Connection* (New York 1973); Michael Schaller, *The U. S. Crusade in China* (New York 1979); 以及 Tang Tsou, *America's Failure in China*, 1941 – 1950 (Chicago 1963)。对美国 30 年代晚期及 40 年代早期的外交政策和战略进行总体研究的专著，提供了关于美国和亚洲关系的有价值的数据。尤其见 Robert Dallek, *Franklin D. Roosevelt and American Foreign Policy*, 1932 – 1945 (New York 1979); James R. Leutze, *Bargaining for Supremacy* (Chapel Hill 1977); 以及 David Reynolds, *The Creation of an Anglo-American Alliance*, 1937 – 1941 (Chapel Hill 1981)。另见 Arnold A. Offner, *American Appeasement* (Cambridge, Mass. 1969); 以及 Wayne S. Cole, *Roosevelt and the Isolationists*, 1932 – 1945 (Lincoln, Neb. 1983)。

关于 30 年代中日关系的优秀研究不多。除了 *Taiheiyo senso e no michi* 中的文章外，以下著作值得参阅: Usui Katsumi, *Manshu jihen* (The Manchurian Incident; Tokyo 1974); Mark Peattie, *Ishiwara Kanji* (Princeton 1975); Peattie 和 Ramon Myers (eds.) *The Japanese Colonial Empire* (Princeton 1984); 以及 John Hunter Boyle, *China and Japan at War*, 1937 – 1945 (Stanford 1972)。我尝试就中国外交写过一篇概述，题为 "Japanese Aggression and China's International Position"，载于 *Cambridge History of Modern China* 即将出版的一卷。在本书的准备过程中，我发现最近出版并还将陆续出版的文件集 *Chung-hua、Min-kuo chung-yao shih-liao ch'u-pien* (Important Documents of the Republic of China; Taipei 1982 –) 的价值不可

估量。

许多作者调查过战前的英日关系。Christopher Throne, *The Limits of Foreign Policy* (London 1972) 仍然是有关"满洲"危机爆发的国际背景的最佳研究;Ann Trotter, *Britain and East Asia* (Cambridge 1975) 和 Stephen L. Endicott, *Diplomacy and Enterprise* (Vancouver 1975) 逐年叙述了英国的经济外交。Bradford Lee, *Britain and the Sino-Japanese War* (Stanford 1973) 和 Peter Lowe, *Great Britain and the Origins of the Pacific War* (Oxford 1977) 对中日战争爆发前后的英国对日政策做了详尽分析。另见 Roger Louis, *British Strategy in the Far East* (Oxford 1971), 和 Aron Shai, *Origins of the War in the East* (London 1976)。Ian Nish (ed.) *Anglo-Japanese Alienation* (Cambridge 1982) 收录了英国和日本历史学家所写的有趣文章。

有关德国的最佳专著是 John P. Fox, *Germany and the Far Eastern Crisis*, 1931–1938 (Oxford 1982)。其他杰出研究包括 Gerhard L. Weinberg, *The Foreign Policy of Hitler's Germany* (2 vols. , Chicago 1970, 1980); William Kirby, *Germany and Republican China* (Stanford 1984); 以及 Saul Friedlander, *Prelude to Downfall* (New York 1967)。关于 30 年代苏联对亚洲政策的研究极为稀少。我大量依赖日本的官方历史记录 *Nis-Sokosho-shi* (History of Japanese-Soviet negotiation; Tokyo 1942)。同样有用的是 Hayashi Saburo, *Kantogun to Kyokuto Sorengun* (The Kwantung Army and the Soviet Far Eastern Army; Tokyo 1974)。关于中苏关系, 见 Jonathan Haslam, "Soviet Aid to China and Japan's Place in Moscow's Foreign Policy, 1937–1939", 载 Ian Nish (ed.) *Some Aspects of Soviet-Japanese*

Relations in the 1930*s*（London 1982）。

通往战争的悲剧之路需要放在全球和比较的视野之下来审视。存在于各个国家内部和世界范围内，在 30 年代造成了如此多暴力、冲突和战争的力量是什么？和其他国家相比，日本人是否为进行一场侵略和帝国主义战争，在军事、经济和文化上做了更充分的"准备"？是什么使其他国家能最终携起手来反对和惩罚日本？是什么使这场长达十年的战争区别于先前的战争？是否曾有可能实现和平；如果是，会是哪一种和平？在本书中，我主要在一个"体系"框架内来看待这些问题，以探索亚太地区国际形势不断变化的内涵与模式。不过，这仅仅是一条途径，我在一篇文章中试图提出其他主题："War as Peace, Peace as War"，载 Nobutoshi Hagihara *et al.*（eds.）*Experiencing the Twentieth Century*（Tokyo 1985）。两部出色的著作从比较的视角提出了透彻的见解：William McNeill, *The Pursuit of Power*（Chicago 1981），以及 Alan Milward, *War, Economy, and Society*（Berkeley 1979）。前者将 30 年代的战争置于现代全球人口危机的情境下，后者对主要强国进行战争与备战的经济和政治代价做了比较。在历史学家要么乐于盯着过分狭隘的题目，要么易于背离叙事传统而尊奉元史学（metahistory）的今天，这些视野远为宽广的研究方法正是我们所急需的。如果国际史（international history）确有所指，那么它意指同时注重基于多国档案研究的经验数据和跨国家、跨文化的视角。到头来，这似乎是理解现代战争起源的唯一可行之路。

索 引

(索引页码为原书页码, 即本书边码)

译后记

　　入江昭先生是蜚声国际的历史学大家，能翻译他的著作，我备感荣幸。此书是入江教授专为一般读者而写，篇幅不大，文字不深，无奈本人译笔拙钝，虽为求传神达意而勉力为之，遗憾之处，在所难免。

　　在此要感谢社会科学文献出版社谢寿光社长和社会科学文献出版社社会政法分社王绯社长对出版本书的支持；感谢责任编辑李兰生老师提出的诸多宝贵的修改意见；感谢社会科学文献出版社甲骨文工作室为本书的封面装帧和版式设计所付出的心血；尤其要感谢入江教授的高足、香港大学的徐国琦教授为本书拨冗作序，这是对后学的莫大勉励。当然，译文中的舛误之处，概由译者本人负责。

李　响

2015 年 10 月 29 日

图书在版编目（CIP）数据

第二次世界大战在亚洲及太平洋的起源/（美）入江昭著；李响译
.—北京：社会科学文献出版社，2016.1（2018.7重印）
ISBN 978－7－5097－8170－8

Ⅰ.①第… Ⅱ.①入… ②李… Ⅲ.①第二次世界大战－研究
Ⅳ.①K152

中国版本图书馆 CIP 数据核字（2015）第 238938 号

第二次世界大战在亚洲及太平洋的起源

著　　者 / 〔美〕入江昭
译　　者 / 李　响

出 版 人 / 谢寿光
项目统筹 / 李　响　董风云
责任编辑 / 李兰生

出　　版 / 社会科学文献出版社·社会政法分社（010）59367156
　　　　　　地址：北京市北三环中路甲29号院华龙大厦　邮编：100029
　　　　　　网址：www.ssap.com.cn
发　　行 / 市场营销中心（010）59367081　59367018
印　　装 / 三河市东方印刷有限公司

规　　格 / 开　本：889mm×1194mm　1/32
　　　　　　印　张：8　字　数：181千字
版　　次 / 2016年1月第1版　2018年7月第3次印刷
书　　号 / ISBN 978－7－5097－8170－8
著作权合同
登记号　 / 图字01－2014－6536号
定　　价 / 49.00元